Kleine Bibliothek   34
Politik   Wissenschaft   Zukunft

Schriften des Internationalen
Instituts für den Frieden
Wien

prv

Wilfried von Bredow (Hrsg.)

Zum Charakter
internationaler Konflikte
Studien
aus West- und Osteuropa

Mit Beiträgen von Wilfried v. Bredow, Stefan Doernberg, Asbjørn Eide, Daniel Frei, Wladimir Gantman, Dmitrij Jermolenko, Edith Oeser, Nikolai Poljanow, Jaromir Sedlak, Dieter Senghaas, Witalij Shurkin und Friedhelm Solms

Pahl-Rugenstein

© 1973 by Pahl-Rugenstein Verlag, Köln.
Mit freundlicher Genehmigung des Internationalen Instituts
für den Frieden, Wien, und des Verlags Gazetta, Wien.
Die Rechte an dem Beitrag „Konfliktformationen in der
gegenwärtigen internationalen Gesellschaft" liegen bei
Dieter Senghaas.
Lektorat: Jürgen Hartmann.
Umschlagentwurf: Dmitrij Werschbizkij.
Gesamtherstellung: Franz W. Wesel, Baden-Baden.
ISBN 3-7609-0087-9

Inhalt

Einleitung 7

Dieter Senghaas
Konfliktformationen in der gegenwärtigen internationalen Gesellschaft 10

Witalij Shurkin
Internationale Konflikte und Krisen – Wege zu ihrer Verhinderung und Regelung 56

Wladimir Gantman
Typen, Inhalt, Struktur und Entwicklungsphasen internationaler Konflikte 70

Dimitrij Jermolenko
Zur Frage der Methodologie der Erforschung internationaler Konflikte 102

Wilfried von Bredow
Ausgewogene Truppenreduzierungen in Europa als getarnte Umrüstung? 113

Daniel Frei
Geographische Aspekte der De-Eskalation von Konflikten 136

Stefan Doernberg
Friedliche Koexistenz und die Widersprüche zwischen Staaten mit unterschiedlicher Gesellschaftsordnung . . 152

Nikolai Poljanow
Zur Frage des Abbaus der Spannungen und Entwicklung politischer Instrumente der Zusammenarbeit . . . 160

Edith Oeser
Das Völkerrecht als Mittel zur De-Eskalation internationaler Konflikte 168

Asbjørn Eide
Vorläufige Überlegungen zum Problem der De-Eskalation 174

Friedhelm Solms
Zum Zusammenhang von Rüstungsdynamik und ökologischer Krise 181

Jaromir Sedlak
Einige Anmerkungen zum Referat von Dieter Senghaas 184

Anhang: Das Internationale Institut für den Frieden in Wien 187

Einleitung

Vom 15. bis 17. Dezember 1972 veranstaltete das Internationale Institut für den Frieden in Wien ein wissenschaftliches Symposium unter dem Titel „Die Theorie der Konflikt- und Krisensituationen und Methoden der De-Eskalation militärpolitischer Krisen". Ein großer Teil der zu diesem Symposium vorgelegten Referate und einige der Diskussionsbeiträge sind in diesem Buch zusammengestellt. Herausgeber und Verlag verfolgen mit ihrer Publizierung eine doppelte Absicht, die hier in aller Kürze dargelegt werden soll.

1) Vor dem Hintergrund der in jüngster Zeit verstärkt einsetzenden wissenschafts-internen Diskussion über die Möglichkeiten und Grenzen der Disziplin Internationale Beziehungen in den USA und Westeuropa erscheint es nützlich und anregend, den Kreis der Teilnehmer an diesen Auseinandersetzungen zu erweitern, und zwar gerade auch durch Vertreter solcher Ansätze, die in diesen Ländern sonst nur selten verfochten werden. Es ist in diesem Zusammenhang nicht ganz zu Unrecht behauptet worden, daß die bürgerliche Wissenschaft von den internationalen Beziehungen sich entwickelt hat in der Reaktion auf die Erschütterung des internationalen Systems durch den Ersten Weltkrieg und in der Reaktion auf die kritische Substanz der marxistischen Imperialismus-Theorien. Verfolgt man die weitere Entwicklung dieser Disziplin, so wird ihre Eingebundenheit in die politischen Prozesse der Systemauseinandersetzung (insbesondere auch nach 1945) unübersehbar. Heute heißt es sogar bei eher konservativ eingestellten Politikwissenschaftlern aus der BRD: „Die Welt ist nicht mehr bürgerlich, und deshalb kann eine Wissenschaft, insofern sie eben dies ist, jedenfalls keine Wissenschaft allgemeinen Anspruchs mehr sein."[1] Auf dem Boden dieser Erkenntnis lassen sich leichter

---

[1] Bernard Willms, Internationale Politik und Historischer Materialismus, in: Politische Vierteljahresschrift, 13. Jg. 1972, S. 475.

Vorstellungen über die friedensfördernden Aufgaben der Internationalen Beziehungen als eines Teils der Friedens- und Konfliktforschung erarbeiten. Nur muß man dann den Mut zeigen, auf vorschnelle Harmonie zu verzichten (die sich ja gerade dann anbietet, wenn es um so generell anerkannte Ziele wie Frieden geht) und in Kauf nehmen, daß unterschiedliche Auffassungen zur selben Sache entwickelt werden, daß unterschiedliche Terminologien verwendet werden, daß unterschiedliche ideologische Positionen (teils ausgesprochen, teils unausgesprochen) bezogen werden.

In der wissenschaftlichen Auseinandersetzung ist zu klären, ob die anhand des einen oder anderen Gesellschaftstyps entwickelten analytischen Kategorien auf den jeweils anderen Gesellschaftstyp übertragen werden können. Diese und viele andere Fragen sind aufgeworfen, und wer sie zu beantworten versucht, tut gut daran, seinen Diskussions-Horizont möglichst weit zu halten. Weil in der Bundesrepublik die Texte sowjetischer und anderer osteuropäischer Autoren zu diesem Themenbereich nur schwer zugänglich sind, versteht sich dieser Band auch als eine Anregung zur Intensivierung der Kommunikation.

2) Das Wiener Internationale Institut für den Frieden, über das im Anhang noch einige Informationen geliefert werden, versucht seit einiger Zeit in beispielhafter Weise, Wissenschaftler aus Ost und West zu gemeinsamen, offenen Diskussionen zusammenzubringen, um die sich anbahnende gesamt-europäische Kooperation vorbereiten zu helfen. Was dort diskutiert und erarbeitet wird, dokumentiert nicht nur das wissenschaftliche Engagement der Beteiligten für Entspannung und Sicherheit, sondern es beeinflußt auch in der einen oder anderen Weise die politischen Entscheidungen, die in diesem Kontext getroffen werden. Das Thema des Symposiums vom Dezember 1972 war sehr abstrakt formuliert, aber auch hier wurde von einzelnen Teilnehmern in ihren Beiträgen versucht, die friedensfördernden Einflußmöglichkeiten der Wissenschaft auf die Politik zu umreißen. In dem weiteren Verlauf der Ost-West-Beziehun-

gen innerhalb Europas, aber auch auf höherer Ebene, wird die enge Zusammenarbeit von Wissenschaftlern aus Staaten mit unterschiedlicher Gesellschaftsordnung und mit unterschiedlichen ideologischen Voraussetzungen immer weniger „außergewöhnlich", wie sie das heute noch ist, und das ist gut so. Solche Kooperation ergibt sich aber nicht von heute auf morgen, sondern sie muß politisch möglich gemacht und in der Praxis erprobt werden. Über das wissenschaftliche Interesse an den Texten dieses Bandes hinaus gibt es so auch ein wissenschaftspolitisches Interesse daran: Das Resultat dieses Symposiums rechtfertigt, denke ich, die Hoffnung, daß die „antagonistische Kooperation" auch unter den Wissenschaftlern nicht das Verwischen der Unterschiede zur Folge hat, wohl aber die deutliche Herausarbeit all der Punkte, zu deren Lösung bei gemeinsamer Anstrengung die Wissenschaft etwas beitragen kann.

Wilfried von Bredow

Dieter Senghaas

Konfliktformationen in der gegenwärtigen internationalen Gesellschaft

I. Einleitung: Einige methodische und sachliche Überlegungen

Wie vor Jahrzehnten, wird auch heute noch die internationale Gesellschaft vor allem mit solchen Theorien analysiert, die den Mangel an verbindlichem Recht und stabiler Ordnung im zwischenstaatlichen Verkehr als strukturbedingtes Merkmal des internationalen Systems betonen.[1] Der klassische Nationalstaat erscheint in diesen Untersuchungen als Kontrastwirklichkeit: hoheitliche Gewalt, durch allgemeine Rechtsnormen eingegrenzt sowie durch Loyalitätsbande der Staatsbürger abgesichert, gilt – in der Theorie prinzipiell und in der Wirklichkeit durchschnittlich – als Garant innergesellschaftlichen Friedens, der seinerseits als Abwesenheit von willkürlicher Herrschaft einzelner sozialer Gruppen und von kollektiver Gewalt definiert wird.[2] Werden Spielregeln, zum Beispiel solche des Parlamentarismus, als allgemeinverbindlich unterstellt, so erscheinen gesellschaftliche Konflikte friedlicher Konfliktregelung wenigstens prinzipiell zugänglich, während internationale Konflikte, im Grenzfall Kriege, immer wieder das unverrückbare Grundmerkmal internationaler Gesellschaft: eine gewissermaßen anarchische, potentiell eruptive und aktuell von offener Gewalt vielfach durchsetzte Struktur verdeutlichen. Lassen sich innergesellschaftliche Interessenkonflikte, selbst solche prinzipiell-ant-

---

[1] Die Anmerkungen beschränken sich im wesentlichen auf Informationen über die neueste internationale Literatur. Dies wird gerechtfertigt durch die erst jüngst intensivierte „Makro-Diskussion" über die internationale Gesellschaft und ihre Grundlagen.
[2] Vgl. den Grundtenor der Mehrzahl der Beiträge in: Karl W. Deutsch und Stanley Hoffmann (Hrsg.), The Relevance of International Law, Cambridge 1968.

agonistischer Natur, im nationalstaatlichen Rahmen ihres explosiven Charakters entkleiden und vermittels vielerlei institutioneller und rechtlich verbindlicher Arrangements in Kanäle „friedlicher", d. h. hier nicht offen-gewaltsamer Auseinandersetzung lenken, so werden Interessenunvereinbarkeiten in der internationalen Gesellschaft potentiell und aktuell als der Ort interpretiert, aus dem heraus sich oft nur schwer eindämmbare gewaltsame Auseinandersetzungen entwickeln, ohne daß eine den Antagonisten übergeordnete, mit hoheitlicher Gewalt ausgestattete Institution präventiv konfliktschlichtend und damit nach herkömmlichen Verständnis „friedenssichernd" eingreifen würde.[3] Deshalb gilt in vielen Theorien und öffentlichen Meinungsäußerungen die internationale Gesellschaft als eine in vieler Hinsicht defiziente Sozialordnung: defizient hinsichtlich ihrer wenig ausgebildeten Rechts- und noch weniger fundierten Loyalitätsbasis; defizient hinsichtlich ihrer Fähigkeit zur Konfliktregulierung im Sinne nicht-gewaltsamer Interessenauseinandersetzungen; defizient auch hinsichtlich ihrer Fähigkeit, sich kognitiv und organisatorisch an veränderte Machtkonstellationen und dynamische Entwicklungen wie solchen anzupassen, die durch technologischen Fortschritt bedingt sind. Letzerer hat in den vergangenen Jahrzehnten nicht nur punktuell, sondern in der Tendenz prinzipiell die Organisationsbasis der traditionellen Staatsordnung, vor allem im militär-technologischen Bereich und hinsichtlich internationaler Informations- und Kommunikationschancen, in Frage gestellt, wodurch die Idee nationaler Souveränität immer illusorischer wurde.[4]
Defizient ist diese internationale Gesellschaftsordnung auch hinsichtlich der in ihr vorherrschenden Disparitäten: Produktionsleistungen, Einkommensverteilung und Wohlfahrtsmaßnahmen sind aus später zu untersuchenden Gründen viel ungleicher ausgeprägt als innerhalb der meist hochentwickelten National- und Industriestaaten.[5]

[3] Vgl. hierzu Stanley Hoffmann, The State of War, New York 1965.
[4] Vgl. hierzu Richard Falk, This Endangered Planet. Prospects and Proposals for Human Survival, New York 1971.
[5] Hierzu Harold und Margaret Sprout, Towards a Politics of the Planet

Nimmt man den gewöhnlichen Nationalstaat oder ein gewisses Idealbild von ihm als Vorbild, so ist die internationale Gesellschaft eher als eine Struktur von Unordnung und des Chaos und bestenfalls als ein System von brüchiger, immer potentiell in sich zusammenfallender Ordnung zu charakterisieren, sicher nicht als eine besonders überlebensfähige Organisation. Selbst hergebrachte Versuche, diese mit Mangelerscheinungen ausgestattete Sozialordnung zu festigen und zu sichern, ihre Lebensfähigkeit und Selbstverwandlungskapazität zu vergrößern oder gar zu optimieren, scheinen die gegebene Grundstruktur entweder zu zementieren oder nur wenig zu ändern. Das erstere, Verfestigung, ist im Falle einer militärisch organisierten Sicherheitspolitik, die heute wie ehedem im Rahmen von Freund-Feind-Strukturen zu internationalen Rüstungswettläufen und gegebenenfalls zu offenen Kriegen führt, zu beobachten; das zweite, marginale Veränderungen, läßt sich gelegentlich im Falle internationaler Organisationen feststellen, mit deren Hilfe nach allgemeinem Verständnis in diese mangelhafte Gesellschaftsordnung kooperationsfördernde Elemente eingebaut werden sollen: psychisch und institutionell abgesicherte Loyalitätsbindungen, die den Nationalstaat übergreifen (Integrationsbewegungen); Vorkehrungen der Konfliktregulierung, die in supra- und internationalen Organisationen verankert sind, und entweder zu einer Interessenabklärung beitragen sollen, ehe Konflikte virulent werden, oder Konfliktschlichtung fördern sollen, sofern ein Konflikt bis zur tatsächlichen Gewaltanwendung schon eskalierte. Es gibt privilegierte Zonen in der gegenwärtigen internationalen Gesellschaft, in der solche kooperationsfördernden Stützen zu einer regional begrenzten Überwindung der herkömmlichen, oben dargestellten Grundstruktur beigetragen haben, ohne daß hierdurch allerdings diese weltweit

---

Earth, New York 1972. Natürlich gehört in diesen Zusammenhang auch die Krisenliteratur über die Grenzen des Wachstums. Siehe hierzu vor allem Dennis Meadows u. a., Die Grenzen des Wachstums, Stuttgart 1972, sowie die Kritik an dieser Literatur von Johan Galtung, Die Grenzen des Wachstums und Klassenpolitik, in: Leviathan. Zeitschrift für Sozialwissenschaft, Bd. 1, Nr. 2, 1973.

immer noch existierende Struktur insgesamt überwunden worden wäre (zu denken ist hier beispielsweise an die nordischen Staaten in Europa).[6]
Die Gegenüberstellung von einer im nationalstaatlichen Rahmen organisierten, innergesellschaftlichen Ordnung mit einer auf wie immer fragwürdigen souveränen Nationalstaaten aufbauenden internationalen Gesellschaft führt häufig zu der These, daß aufgrund der erwähnten Mangelerscheinungen die Entwicklung der internationalen Gesellschaft weit weniger verläßlich, weil unberechenbarer und deshalb von viel mehr Geratewohlprozessen durchsetzt sei als innergesellschaftliche Entwicklungsprozesse, die eher prognostizierbar seien und durch die Organe des Nationalstaates (Rechtsordnung, politisches System, Sozialisationsprozesse u. a.) gewöhnlich verläßlich gesteuert würden. Mit dieser These wird oft implizit behauptet, daß aufgrund dieses Mangels an Strukturiertheit und scheinbar wenig zielgerichteter politischer Vorgänge die internationale Gesellschaft einer ihre Grundstruktur transparent machenden wissenschaftlichen Analyse weniger zugänglich sei als innergesellschaftliche Ordnungen mit ihren relativ festgefügten Subsystemen (Politik, Wirtschaft, Recht, Sozialisation u. a.) und deren relativ rigiden Interaktion.[7]
Diese häufig gehörte These dürfte im großen und ganzen falsch sein. Wenn wir von den ins Auge springenden Haupt- und Staatsaktionen absehen, d. h. von jener internationalen Politik, die gewöhnlich in den Schlagzeilen von Massenmedien sich widerspiegelt, so läßt sich zeigen, daß diese internationale Gesellschaft auf einer Struktur beruht, die trotz wechselnder diplomatischer Konstellationen und trotz Machtverschiebungen in sich gefestigter ist und sich kalkulierbarer ändert, als uns gewöhnlich bewußt ist, obgleich sie in der Tat mit der Infra-

---

[6] Zu diesen Sachverhalten siehe Karl W. Deutsch, Analyse internationaler Politik, Frankfurt 1971, Kapitel 15 ff., sowie Eva Senghaas-Knobloch, Frieden durch Integration und Assoziation, Stuttgart 1969, und Eva Senghaas-Knobloch, Internationale Organisationen, in: Ekkehart Krippendorff (Hrsg.), Probleme der internationalen Beziehungen, Frankfurt 1972, S. 103–136.
[7] Viele Äußerungen der sogenannten realistischen Schule (z. B. Morgenthau) kommen einer derartigen These sehr nahe.

struktur von Nationalstaaten nicht ohne weiteres verglichen werden kann. Solche im einzelnen beobachtbare Strukturiertheit ermöglicht in diesem Zusammenhang überhaupt erst, von Struktur im Unterschied zu Geratewohlprozessen hinsichtlich der internationalen Gesellschaft zu sprechen. Solche Strukturen, die in den folgenden Teilen dieser Studie untersucht werden sollen, ändern sich gewöhnlich nur langsam; sie sind relativ in sich verfestigt und weisen deshalb auch noch angesichts des massiven Einflusses von neuen Faktoren (z. B. technologische Errungenschaften) eine erhebliche Rigidität auf. Prozesse, gerade im Bereich der sogenannten „hohen Politik", erwecken demgegenüber den Anschein des ständigen Fluktuierens und dezisionistischer Beliebigkeit. Man muß jedoch gerade auch hinsichtlich der heutigen internationalen Gesellschaft Strukturen als restriktive Bedingungen für Prozesse definieren. Solche weniger sichtbaren Strukturen engen die Beliebigkeit von eher augenfälligen Prozessen ein, während andererseits Prozesse durchaus über Zeit zu Verschiebungen oder zu radikal erscheinenden, in Wirklichkeit aber historisch herangereiften Brüchen in Strukturen und zu neuen strukturellen Konstellationen führen können. Diese wechselseitigen Rückkopplungsvorgänge, durch die alte Strukturen aufgelöst und neue aufgebaut werden, lassen sich gerade auch in der internationalen Gesellschaft beobachten, wenn man historische oder Zeitreihenperspektiven nicht aus dem Auge verliert; wenn Veränderungsraten über relativ lange Zeiträume verfolgt werden, und wenn tagespolitisch spektakuläres Geschehen nicht ernster genommen wird als die ihm zugrundeliegenden, wenigstens auf Zeit relativ rigiden Rahmenbedingungen.

Eine solche methodische Zuordnung von Struktur und Prozeß ist gerade angesichts dessen zu betonen, daß Tagespolitik gewöhnlich eine relativ große Faszination ausübt. Diese trägt aber bei ständig wechselnden Kommunikationsinhalten über Vorgänge in der internationalen Gesellschaft und einer wachsenden Informationsfülle wenig zu realitätsangemessenen, zu strukturierten Umweltsbildern bei. Sie provoziert gewöhnlich geradezu Bilder des Chaos.

Der Mangel an Realitätsprüfung oder was dasselbe ist: die trotz wachsender Kommunikation relative Realitätsferne der internationalen Gesellschaft für im wesentlichen nationalstaatlich organisierte Menschen verstärkt die Neigung von Individuen und Staaten zu egozentrischen Selbstbildern und inhaltlich amorphen Weltbildern, die dann ihrerseits offen sind für miteinander nicht verbundene, insbesondere spektakuläre Informationen (wie z. B. die in den politischen Nachrichten im Fernsehen gebotenen), ohne selbst auf kognitiv und affektiv flexible Interpretationsmuster zu stoßen, die das Tagesgeschehen und die ihm zugrundeliegenden Strukturen rational zu erhellen vermöchten.[8] Es ist eine Aufgabe von Friedensforschung, solche Strukturen transparent zu machen, um auf diese Weise den chaotischen Eindruck, den die internationale Gesellschaft vermittelt, analytisch aufzulösen. Denn aus der Psychologie ist bekannt, daß eine chaotisch perzipierte Umwelt Fehlwahrnehmungen fördert sowie die Suggestibilität von Menschen und die Irrationalität ihres Verhaltens erhöht. Solche kognitiven und affektiven Fehlleistungen von Regierungen und Kollektiven können aber heute, angesichts unvergleichlicher Zerstörungspotentiale und der Unfähigkeit von Nationalstaaten, sich gegeneinander effektiv abzukapseln, möglicherweise tödlich sein. Es ist deshalb von allergrößter Bedeutung, öffentlich mächtige Images über die internationale Gesellschaft dort zu kritisieren, wo diese den Blick für Realitäten verstellen oder nur Teilaspekte angemessen erfassen.[9]

Natürlich ist die internationale Gesellschaft nicht ein Nationalstaat im Großen; ihre relativ lockere Organisations- und Inter-

---

[8] Weiterführende theoretische Überlegungen finden sich hierzu in Dieter Senghaas, Rüstung und Militarismus, Frankfurt 1972, Teil II. Luhmanns These (vgl. den in Anmerkung 11 zitierten Artikel), Weltgesellschaft konstituiere sich eher durch kognitive als durch normative Erwartungshorizonte, stellt die wirklichen Sachverhalte auf den Kopf, wenn man wie Luhmann definiert: „Kognitives Erwarten sucht sich selbst, normatives sucht sein Objekt zu ändern. Lernen oder Nichtlernen – das ist der Unterschied." (S. 11.)
[9] Vgl. hierzu Karl W. Deutsch und Dieter Senghaas, Die brüchige Vernunft von Staaten, in: Dieter Senghaas (Hrsg.) Kritische Friedensforschung, Frankfurt 1972, S. 105–163.

aktionsstruktur ist mit den dichten innergesellschaftlichen Verflechtungen und Netzwerken des Nationalstaates nicht ohne weiteres vergleichbar.[10] Doch wird diese internationale Gesellschaft von Strukturen getragen und baut sich aus Elementen auf, die insgesamt große Regelmäßigkeiten aufweisen. Deren Dynamik jedoch treibt, wie die Geschichte der vergangenen 400 Jahre zeigt, immer wieder zu ernsthaften Krisen und gewaltsamen Auseinandersetzungen, die ihrerseits das Bild des Chaotischen zu rechtfertigen scheinen. Will man die internationale Gesellschaft als anarchisch bezeichnen, dann nur in dem Sinne, daß ihre Struktur von Widersprüchen durchsetzt ist, die herkömmlicherweise gewaltsame Konflikte eher fördern als im Ansatz ausschließen.[11]

II. *Konfliktformationen in der gegenwärtigen internationalen Gesellschaft*

Nach diesen einleitenden Überlegungen wollen wir uns der Analyse einiger vorherrschender Konfliktformationen in der gegenwärtigen internationalen Gesellschaft zuwenden. Diese Analyse muß mit der Darstellung einiger struktureller Gegebenheiten beginnen.

1. Kapitalismus und die Globalisierung internationaler Politik

Die Geschichte der internationalen Gesellschaft ist identisch mit der Entwicklung des modernen Kapitalismus und der durch

---

[10] Zur Theorie des Nationalstaates siehe das klassische Werk von Karl W. Deutsch, Nationalism and Social Communication, Cambridge 1966.
[11] Ein solcher Begriff von „anarchisch" ist dem von Marx auf den Kapitalismus bezogenen vergleichbar: Er bezieht sich auf eine Struktur, deren Dynamik mit Regelmäßigkeit Krisen produziert. Eine Kritik an den im ersten Abschnitt dargestellten Kennzeichnungen der internationalen oder Weltwirtschaft findet sich in Niklas Luhmann, Die Weltgesellschaft, in: Archiv für Rechts- und Sozialphilosophie, Bd. 57, Nr. 1, 1971, S. 1–35, besonders S. 1–10.

seine Existenz provozierten antikapitalistischen Bewegungen im Weltmaßstab. Dies formulieren, heißt nicht, einem Eurozentrismus fröhnen. Die in den vergangenen Jahrhunderten erfolgte Globalisierung der internationalen Politik ist jedoch unbestritten von einem durch die Entwicklung des Kapitalismus dynamisierten Europa ausgegangen. Was heute als weltweite Interdependenz erscheint, hat sich nicht zuletzt als Folge von Kolonialismus, Imperialismus und Neokolonialismus ergeben. Der dynamische Pol dieser Entwicklung waren die jeweils führenden Metropolen in Europa, die ihrerseits wiederum seit dem 16. Jahrhundert um Spitzenstellungen rivalisierten.[12]

Noch zu Beginn dieses Jahrhunderts war der Ausgriff dieser europäischen kapitalistischen Metropolen, einschließlich der USA, auf diejenigen Kontinente, die wir heute insgesamt als Dritte Welt bezeichnen, noch nicht abgeschlossen. Gleichzeitig machten sich im verstärkten Maße antikapitalistische und antiimperialistische Bewegungen bemerkbar, deren erste und bedeutendste im Jahre 1917 bleibenden Erfolg hatte. 1949 folgte China, dessen Dissoziation aus einem kapitalistisch organisierten Weltwirtschaftssystem zur Institutionalisierung einer weltweiten Systemkonkurrenz wesentlich beigetragen hat. Die Globalisierung des sozioökonomischen Antagonismus zwischen Kapitalismus und Sozialismus hat ihrerseits die Globalisierung internationaler Politik wesentlich gefördert. Bereiche in der Dritten Welt, die nach den imperialistischen Auseinandersetzungen

---

[12] Siehe hierzu die klassische Literatur von Max Weber und Werner Sombart sowie den immer noch brillanten Essay von Otto Hintze, Wirtschaft und Politik im Zeitalter des modernen Kapitalismus, in: Soziologie und Geschichte, Göttingen 1964, S. 427–452. Siehe auch die umfassenden Darstellungen in Josef Kulischer, Allgemeine Wirtschaftsgeschichte des Mittelalters und der Neuzeit, Darmstadt 1971[4]; John U. Nef, Western Civilization since the Renaissance. Peace, War, Industry and the Arts, New York 1963[2]; Maurice Dobb, Entwicklung des Kapitalismus. Vom Spätfeudalismus bis zur Gegenwart, Köln 1970.
Zu diesem Sachverhalt siehe jetzt auch Ekkehart Krippendorff (Hrsg.), Probleme der internationalen Beziehungen, Frankfurt 1972; ders. (Hrsg.), Internationale Beziehungen, Köln 1973; ders., Peace Research and the Industrial Revolution, in: Journal of Peace Research, Nr. 2, 1973, sowie Ernest Mandel, Der Spätkapitalismus, Frankfurt 1972.

des vergangenen Jahrhunderts und zu Beginn dieses Jahrhunderts als unbestrittene Einflußsphären einzelner Metropolen galten (z. B. Kolonialbereiche), wurden nunmehr in die neuen antagonistischen Auseinandersetzungen hineingezogen, wodurch ihr Eigengewicht sich vielfach steigerte, während gleichzeitig die Dritte Welt im Verlaufe ihres Kampfes um politische Emanzipation (Dekolonisierung) begann, in einem wie immer beschränkten Sinne sich als ein neues Subjekt internationaler Politik zu konstituieren.[13] (Warum die Dritte Welt kein kollektiv handelndes Subjekt darstellt, werden wir später zu betrachten haben.)

Seit dem 15. oder 16. Jahrhundert war damit die moderne internationale Gesellschaft, auf die sich ein solcher Begriff nur beziehen läßt, mehr denn je Realität geworden. Aufgebaut auf spezifischen, noch darzustellenden Strukturmustern ist sie heute, obgleich immer noch in einem rapiden Entwicklungsprozeß begriffen, nur noch als Totalität zu begreifen. Terminologisch sprechen wir in diesem Zusammenhang bewußt von internationaler Gesellschaft und nicht nur vom System internationaler Beziehungen oder gar von internationaler Politik, weil der Grad an Interdependenz durch den ersteren Begriff deutlicher zum Ausdruck kommt und der heutigen Realität angemessener ist als noch vor wenigen Jahrzehnten. Die rapide Entwicklung von Kommunikations- und Informationstechnologien und die durch sie erhöhte Chance von Kontakt und Penetration haben heute erst die objektive Basis für ein Gebilde geschaffen, das trotz bleibender Differenzen zu innergesellschaftlichen Ordnungen immer mehr gesellschaftlichen Charakter annimmt.

Was sind wesentliche Strukturmerkmale dieser internationalen Gesellschaft und was begründet diese Struktur als Totalität?

---

[13] Siehe hierzu das immer noch klassische Werk von Rupert Emerson, From Empire to Nation. The Rise to Self-Assertion of Asian and African Peoples, Boston 1960.

2. Über die interkapitalistische Konfliktformation

Wie vor Jahrhunderten, wenn auch heute weit mehr umstritten als noch vor wenigen Jahrzehnten, liegt ein dynamischer Pol der internationalen Gesellschaft, von dem zentrale Entwicklungsimpulse ausgehen, in den kapitalistischen Metropolen. Immer noch wird der größte Teil eines im wesentlichen kapitalistisch organisierten Weltwirtschaftssystems von diesen Zentren her bestimmt.[14] Diese Tatsache ist vor allem darin begründet, daß in ihnen seit der industriellen Revolution technologischer Fortschritt, wie an keiner anderen Stelle in den vergangenen Jahrzehnten, organisiert und vorangetrieben worden ist, was seinerseits zu einer maßgeblichen Erhöhung der Produktivkräfte und des technologischen Entwicklungsniveaus geführt hat.[15] Im Unterschied jedoch zur Geschichte internationaler Beziehungen bis zum Ende des Zweiten Weltkrieges sind diese kapitalistischen Metropolen heute nicht nur durch eine Fülle von realen Transaktionen (wie Handel u. a.) miteinander verbunden, sondern auch miteinander durch gemeinsame Interessenorganisationen zusammengeschlossen. Zwar gibt es immer noch, wie zu Zeiten des klassischen Imperialismus, handfeste Auseinandersetzungen um Macht- und Marktpositionen in der internationalen Politik und Wirtschaft, doch werden diese Auseinandersetzungen heute weit mehr mit Hilfe gemeinsamer Organisationen derart kanalisiert, daß offene kriegerische Konflikte zwischen den kapitalistischen Zentren als äußerst unwahrscheinlich gelten können.[16]

---

[14] Siehe hierzu vor allem Christian Palloix, L'économie mondiale capitaliste, Paris 1971, 2 Bände, sowie den Essay von M. Barrat-Brown, Struktur der Weltwirtschaft, in: Ekkehart Krippendorf (Hrsg.), Probleme der internationalen Beziehungen, Frankfurt 1972, S. 34–75.
[15] Hierzu David Landes, The Unbound Prometheus, Cambridge 1969, und Simon Kuznets, Modern Economic Growth. Rate, Structure and Spread, New Haven 1966; Ernest Mandel, Der Spätkapitalismus, Frankfurt 1972.
[16] Über die inter-kapitalistische Interessengemeinschaft vgl. Pierre Jalée, Das neueste Stadium des Imperialismus, München 1971, Kapitel 10; über bleibende Konfliktpotentiale zwischen den kapitalistischen Metropolen siehe Christel Neusüss, Imperialismus und Weltmarktbewegung des Kapitals, Erlangen 1972.

Im Anschluß an den Zweiten Weltkrieg und im Zusammenhang der allmählichen Bewältigung der Kriegsfolgen kam es in den vergangenen 20 Jahren zu einer maßgeblichen neuen Hierarchisierung der Beziehungen zwischen diesen Metropolen.[17] Die USA standen lange unbestritten an der Spitze dieser Hierarchie, während mit der allmählichen Konsolidierung der durch den Krieg in Europa hart getroffenen ehemaligen Zentren, insbesondere im Rahmen der EWG, und mit dem rapiden Wachstum Japans effektive Gegengewichte gegen diese Vormachtstellung der USA geschaffen worden sind, was seit wenigen Jahren allmählich zu einem Rearrangement der Kräftekonstellation zwischen USA, einer erweiterten EWG und Japan geführt hat.[18] Dieses Rearrangement hat bis heute im wesentlichen nur die politisch-diplomatische und anfänglicherweise auch die militärstrategische Ebene tangiert; sie hat an den typischen Transaktionsmustern, so wie sie sich in den vergangenen 20 Jahren zwischen den kapitalistischen Zentren selbst herausgebildet haben, wenig geändert.

Diese interkapitalistischen Beziehungsmuster sind durch eine für internationale Beziehungen unvergleichliche Interaktionsdichte gekennzeichnet. Gewiß ist diese Interaktionsdichte immer noch relativ gering, wenn man sie mit den innerhalb von Gesellschaften sich abspielenden vielfältigen Transaktionen vergleicht; verglichen mit dem, was im weltweiten Durchschnitt in zwischen-staatlichen Beziehungen an Interaktion zu beobachten ist, stellt sie sich überdurchschnittlich groß dar. Diese dichten Interaktionsmuster lassen sich besonders auf wirtschaftlichem Gebiet beobachten. Die im Rahmen des kapitalistischen Weltwirt-

---

[17] Über alternative Interpretationen dieser neuen Hierarchisierung siehe Robert Rowthorn, Imperialism in the Seventies: Unity of Rivalry, in: New Left Review, Nr. 69, 1971, S. 31–54; Ernest Mandel, Der Spätkapitalismus, Frankfurt 1972, Kapitel X; sowie Frieder Schlupp, Salua Nour und Gerd Junne, Zur Theorie und Ideologie internationaler Interdependenz, in: Sonderheft 5 der Politischen Vierteljahresschrift, hrsg. von Jürgen Gantzel, Opladen 1973, S. 245–308.

[18] Vgl. Ernest Mandel, Die EWG und die Konkurrenz Europa–Amerika, Frankfurt 1968, sowie ders., Der Spätkapitalismus, Frankfurt 1972, Kapitel X.

schaftssystems organisierten Handels- und Kapitalströme zirkulieren heute vor allem zwischen den hochindustrialisierten Staaten des kapitalistischen Westens selbst (kreuzweise Investitionstätigkeit und multinationale Konzerne). Dasselbe gilt für das Bankwesen, für Lizenz- und Patentvergabe.[19] Auch sind die internationalen Kommunikationswege (Verkehrs- und Informationssysteme) insbesondere zwischen diesen kapitalistischen Zentren mit beispielloser Dichte aufgebaut. Keine Region der Welt kennt soviele gemeinsame supranationale (gouvernementale und nicht-gouvernementale) Organisationen, mit deren Hilfe die Interessenpolitik der beteiligten Staaten wechselseitig abgeklärt werden sollen (z. B. OECD, EWG u. a.).
Obgleich diese Organisationen funktional jeweils spezialisiert sind (vgl. OECD im Unterschied zur NATO), ist ihre Grundstruktur relativ ähnlich; doch wesentlicher ist, daß ihre politischen Zielsetzungen miteinander synchronisiert sind.[20]
Diese organisatorische Untermauerung und institutionelle Überwölbung der realen Beziehungen zwischen den kapitalistischen Zentren ist ein relatives Novum, das die weltpolitische Szenerie vor 1945 nicht kannte. Zwar haben auch vor 1945, zum Teil selbst schon vor 1914, die jeweils höchst entwickelten Industrienationen statistisch gesehen im großen und ganzen viel mehr untereinander als beispielsweise mit ihren Kolonien Austausch gepflegt, dennoch ist es ihnen zu jener Zeit niemals gelungen, gemeinsame supranationale Interessenorganisationen aufzubauen.
Was in diesem bleibenden dynamischen Pol der internationalen Gesellschaft also beobachtbar ist, sind nicht nur von der Größe der beteiligten Industriestaaten statistisch ohnehin erwartbare unvergleichliche Interaktionsdichten, sondern ein institutionell abgesichertes Interessenverbundsystem, das für die Einschätzung

---

[19] Vgl. als Fallstudie z. B. Richard Wolff, Die US-Banken und das expandierende US-Imperium, in: Kapitalismus in den siebziger Jahren, Frankfurt 1971, S. 219–246.
[20] Siehe Eva Senghaas-Knobloch, Internationale Organisationen, in: Ekkehart Krippendorff (Hrsg.), Probleme der internationalen Beziehungen, Frankfurt 1972, S. 103–136.

der zwischen den kapitalistischen Zentren angelegten Konfliktpotentiale von entscheidender Bedeutung ist. Diese zwischen den kapitalistischen Metropolen immer noch existierenden machtpolitischen und außenwirtschaftlichen Konflikte werden heute durch die in diesem Interessenverbundsystem etablierten Institutionen der Konfliktartikulation und -schlichtung „bearbeitet", während die Gefahr des erneuten Aufbruchs prinzipieller inter-kapitalistischer Konflikte im wesentlichen durch einen anhaltenden weltweiten sozioökonomischen Systemantagonismus eingedämmt wird; denn die Herausforderung der kapitalistischen Zentren durch die Sowjetunion, China, die osteuropäischen und einzelne sozialistische Staaten der Dritten Welt gebietet es, der Verteidigung gemeinsamer kapitalistischer Interessenpositionen, also dem gesamtkapitalistischen Interesse, den Vorrang vor engstirnig verfolgter nationalstaatlicher Interessenpolitik einzelner Zentren zu geben.[21]
Ungeachtet jener auch gewaltsamen Konfliktstrategien, die durch eine von kapitalistischen Staaten jenseits ihres eigenen Terrains verfolgten Interessenpolitik induziert werden (wie im Falle Vietnams) besteht heute unter den von objektiven Gegenkräften eingeschränkten Bedingungen kapitalistischer Reproduktion im Rahmen der gegenwärtigen internationalen Gesellschaft eine reale Chance, daß inter-kapitalistische Konflikte nicht zu militärischen Gewalthandlungen im eigenen Bereich eskalieren; daß durch wechselseitige Anpassungsprozesse auch tiefer liegende Strukturkonflikte wie diejenigen, die sich im labilen Weltwährungssystem ausdrücken, beigelegt werden können[22], und daß in diesem Maße, in dem neben den USA eine

---

[21] Dem Zusammenspiel von gesamtkapitalistischem Interesse und partikularen kapitalistischen Interessen ist bis heute wenig theoretische Reflexion zugewandt worden.
[22] Vgl. hierzu Elmar Altvater, Die Weltwährungskrise, Frankfurt 1969; Christel Neusüss, Bernhard Blanke und Elmar Altvater, Kapitalistischer Weltmarkt und Weltwährungskrise, in: Probleme des Klassenkampfes, Heft 1, 1971, S. 5–116; Autorenkollektiv Busch/Schöller/Seelow, Weltmarkt und Weltwährungskrise, Bremen 1971, sowie jetzt Christel Neusüss, Imperialismus und Weltmarktbewegung des Kapitals, Erlangen 1972.
Zum klassischen Imperialismus und den für ihn kennzeichnenden Konflikten

Großmacht EWG und eine Großmacht Japan sich entwickeln, es zu graduellen Neubestimmungen von machtpolitischen Einfluß- und wirtschaftlichen Interessensphären kommt, die hart umkämpft sein werden (Investitions- und Handels-„Kriege"), was jedoch nicht zu offenen, gewaltsamen inter-kapitalistischen Konflikten mit allen Konsequenzen (wie der Mobilisierung von Militärmaschinerien) führen wird. Man mag dies für eine zu optimistische Prognose halten, wenn man bedenkt, daß noch vor wenigen Jahrzehnten inter-kapitalistische (imperialistische) Konflikte mithin den Nährboden für zwei Weltkriege abgegeben haben! Doch das wohlverstandene gesamtkapitalistische Eigeninteresse dürfte eine Wiederholung derartiger Entwicklungen heute und auf absehbare Zeit ausschließen. Nicht zuletzt dienen die gemeinsamen Interessenorganisationen (OECD, EWG u. a.) und die von den kapitalistischen Metropolen beherrschten internationalen Institutionen (Weltbank u. a.) der Verfolgung einer derartigen kollektiven Interessenpolitik.[23]

3. Über die West-Ost-Konfliktformation

Nicht ausgeschlossen ist demgegenüber die Perpetuierung der West-Ost-Konfliktformation, die von Struktur und Inhalt her in Wirklichkeit eine erste Nord-Süd-Konfliktformation in der neueren Geschichte darstellt.[24] Nachdem vor allem die Sowjet-

---

siehe Hans-Ulrich Wehler (Hrsg.), Imperialismus, Köln 1970; Wolfgang Mommsen (Hrsg.), Der moderne Imperialismus, Stuttgart 1971; Kenneth Boulding und Tapan Mukerjee (Hrsg.), Economic Imperialism, Ann Arbor 1972.

[23] Bei all dieser Einschätzung darf nicht übersehen werden, daß diese Entwicklung von einer beispiellosen Militarisierung der westlichen Gesellschaften, insbesondere der USA begleitet war. Asbjorn Eide (Oslo) hat in einer Kritik an einer früheren Fassung des vorliegenden Papiers ausdrücklich hierauf aufmerksam gemacht (Deescalation and Prevention of Escalation, Wien, Internationales Institut für den Frieden, Dezember 1972). Zum US-Imperialismus und Militarismus siehe jetzt K. T. Fann und Donald Hodges (Hrsg.), Readings in US Imperialism, Boston 1971.

[24] Vgl. hierzu Jürgen Gantzel, Zu herrschaftssoziologischen Problembereichen von Abhängigkeitsbeziehungen in der gegenwärtigen Weltgesellschaft, in: Dieter Senghaas (Hrsg.), Imperialismus und strukturelle Gewalt. Analysen

union sich auf einen mächtigen Rüstungswettlauf mit dem Westen, der seinerseits unbestritten bewußter Schrittmacher dieser Politik war, eingelassen hat und im Militärbereich, und nur hier, heute quasi-bipolare Strukturen gegeben sind, die die ganze Aufmerksamkeit auf sich lenken, ist die Tatsache, daß sich sozialistische Staaten wie die Sowjetunion in Verfolgung antikapitalistischer Strategien bewußt aus dem kapitalistischen Weltwirtschaftssystem herausgelöst haben (das Nord-Süd-Element der West-Ost-Konfliktformation) im Bewußtsein der meisten Menschen im Westen in den Hintergrund getreten, wodurch ein durch den Rüstungswettlauf verfälschtes und auf diesen fixiertes Bild eines realiter mehr als nur die militärische Dimension tangierenden Systemantagonismus sich verbreitete.[25]

Weil diese Dissoziation von Rußland (1917), von China (1949) und von den osteuropäischen Staaten (nach 1945 im Verband mit der SU) die Grundlage für eine wenn auch nicht vollständige, so doch weitgehende autonome sozialistische Entwicklung legte, sie zumindest in gewissem Umfang ermöglichte, wurde mit diesem Vorgang ein seit Beginn des kapitalistischen Systems angelegter Widerspruch in der internationalen Gesellschaft regelrecht strukturmäßig verfestigt, organisatorisch abgesichert, kurz institutionalisiert. Daß diese etatistisch ausgetragene Konfrontation eines sozioökonomischen Systemantagonismus in sozialistischen Gesellschaften zu Deformationen des Sozialismus geführt hat, wird begreiflich, wenn man die doppelte Aufgabe solcher antikapitalistischer Gegenorganisationen bedenkt, die auf einmal zu lösen war: das eigene Überleben gegen die mehrfach versuchte erneute Penetration von seiten der kapitalistischen Staaten zu sichern und durch verstärkte Entwicklungslei-

---

über abhängige Reproduktion, Frankfurt 1972, S. 105–120, sowie Johan Galtung, Europa: bipolar, bizentrisch oder kooperativ?, in: Aus Politik und Zeitgeschichte, Beilage zum Parlament B/14 vom 7. 10. 1972. Vgl. jetzt auch Bernard Willms, Entwicklung und Revolution. Grundlagen einer dialektischen Theorie der internationalen Politik, Frankfurt 1972.
[25] Hierzu Ursula Schmiederer, Systemkonkurrenz als Strukturprinzip der internationalen Politik, in: Sonderheft 5 der Politischen Vierteljahresschrift, hrsg. von Jürgen Gantzel, Opladen 1973, S. 309–346.

stungen Industrialisierungsprozesse gewissermaßen im Zeitraffertempo in Ländern nachzuholen, in denen die Ausgangsbedingungen für eine solche Entwicklung keinesfalls optimal waren. Da sich diese sozialistischen Gesellschaften trotz äußerster Schwierigkeiten (Boykott, Invasion u. a.) und im Widerspruch zu gängigen Einschätzungen seit ihrem Entstehen (die noch in der Dulles-Ära gängig waren) als lebensfähig erwiesen haben und sich in den vergangenen zehn Jahren immer mehr konsolidierten, kam es nach der Hektik des kalten Krieges in den vergangenen zehn Jahren allmählich zu einer nüchternen, eher realpolitischen als rein ideologischen Einschätzung des staatlich organisierten Sozialismus zweier Großmächte (SU und China) von seiten des Westens.

Durch das Auseinanderbrechen niemals besonders tief verwurzelter Beziehungen zwischen der SU und China hat sich zwar der Manövrierraum westlicher Metropolen wieder erhöht; er ist jedoch bei weitem nicht so groß, daß über ihn der kapitalistische Westen im einen oder anderen Fall sich an Ort und Stelle erfolgreich erneut festsetzen könnte, um schließlich eine effektive, in die jeweilige Infrastruktur sozialistischer Gesellschaften eingreifende Kontrolle auszuüben. Natürlich gibt es technologische Gefälle zwischen den führenden kapitalistischen Staaten und den beiden wesentlichen sozialistischen Gesellschaften: SU samt Osteuropa und China; natürlich führt solches West-Ost-Gefälle bei verstärkter Interaktion fast notwendigerweise zu asymmetrischen Penetrationserscheinungen (vermittels asymmetrischer Investitionsströme und Technologietransfers, der Übertragung von Konsummustern und dgl. mehr).[26] Aber die Tatsache, daß diese sozialistischen Gesellschaften, bei allen objektiven Schwierigkeiten, denen sie sich in ihrem eigenen Innern gegenübersehen, heute relativ autozentrierte Gebilde[27] sind, er-

---

[26] Diese Gefahr hat eingehend Johan Galtung in seinem in Anmerkung 24 zitierten Artikel diskutiert. Siehe auch Sverre Lodgaard, Political Change and Economic Reorientation in Europe. The Role of Industrial Cooperation, in: Instant Research on Peace and Violence, Nr. 3, 1972, S. 145–157.
[27] Ich verwende hier den Begriff, wie er in der Literatur über Abhängigkeit als Kontrastbegriff zu „abhängiger Reproduktion" verwendet wird („dependencia" in Lateinamerika, siehe weiter unten).

höht die Chance – wenn auch keine Garantie besteht –, daß sie externe Einflüsse, die von den kapitalistischen Zentren ausgehen, selektiv zu steuern vermögen, ohne erneut wie vor den Revolutionen, die sie aus dem kapitalistischen Weltsystem lösten, einer mehr oder weniger totalen Fremdbestimmung ausgeliefert zu sein. Eine derartige Garantie kann nicht ohne weiteres unterstellt werden, weil das Gefälle zwischen West und Ost (trotz selektiver Ausnahmen wie in der Rüstungspolitik, die eher Konvergenzen fördert)[28], immer noch so groß ist, daß aus ihm eine Außenorientierung sozialistischer Gesellschaften, die Fremdbestimmung erleichtert, um so mehr sich entwickeln dürfte, je höher das Entwicklungsniveau sozialistischer Gesellschaften selbst ist, weil nach Befriedigung elementarer Bedürfnisse (wie die Beseitigung von Hunger und Analphabetismus und dem Aufbau einer modernen Infrastruktur) westlich kapitalistische Konsummuster und -standards als attraktive Vergleichsmaßstäbe – ungeachtet der ihnen zugrundeliegenden andersartigen gesellschaftspolitischen Prämissen – zur Nachahmung verführen.

Die West-Ost- oder Ost-West-Konfliktformation wird ungeachtet aller verstärkten Bemühungen, einen modus vivendi friedlicher Koexistenz zu finden, in ihrem prinzipiell antagonistischen Charakter bestehen bleiben, weil es sich in ihr nicht nur um die macht- und interessenpolitischen Auseinandersetzungen zweier Großmächte und ihrer Alliierten handelt, sondern um einen Antagonismus (Widerspruch) fundamentaler Natur: nämlich die Verteidigung und Herausforderung der in ihren Einflußzonen zwar wesentlich eingeschränkten, aber immer noch nicht gebrochenen Vorherrschaft der kapitalistischen Metropolen in der internationalen Gesellschaft und insbesondere über das vom kapitalistischen Westen dominierte Weltwirtschaftssystem. Je mehr möglicherweise eine in den vergangenen 20 Jahren entwickelte militarisierte Sicherheitspolitik, ausgedrückt

---

[28] Vgl. Dieter Senghaas, Dynamique de la course aux armements comme condition restrictive de la politique de détente entre l'Est et l'Ouest, in: Politique Etrangère, Bd. 37, 1972, S. 765–782.

im Rüstungswettlauf zwischen Ost und West, in Zukunft von den Machteliten selbst aus den verschiedensten Gründen (Kostenfrage, Existenz von overkill-Kapazitäten u. a.) teilweise aufgegeben würde oder eine bislang im wesentlichen sich in der Eskalation von Militarismus dokumentierende Systemkonkurrenz auch nur anfänglich überwunden würde (wofür im Augenblick noch keine besonderen Aussichten bestehen), dürften die sozioökonomischen Dimensionen des Systemantagonismus erheblich deutlicher wieder zum Tragen kommen. Die Zählebigkeit der überkommenen Sicherheits- und Rüstungspolitik[29], die sich gerade angesichts allseitiger Entspannungsbemühungen zwischen Ost und West zeigt, sollte vielleicht nicht nur auf rüstungsimmanente Faktoren zurückgeführt werden (obgleich diesen eine nicht zu unterschätzende Bedeutung zukommt), sondern auch auf die von den jeweiligen Machteliten perzipierte Gefahr, daß Entspannungspolitik gesellschaftspolitische Ausweitungseffekte („spill-over"-Effekte) besitzt, die dazu führen könnten, daß die innergesellschaftlichen Herrschaftsverfestigungen ernsthaft in Frage gestellt werden[30] könnten, die während des kalten Krieges unter den Vorzeichen angestrengter Rüstungspolitik aufgebaut und fraglos akzeptiert wurden.

Unter diesem Aspekt betrachtet, setzt Rüstungspolitik restriktive Bedingungen für Entspannungspolitik im Ost-West-Konflikt[31], die ihrerseits wiederum aus dem eben genannten Grunde deshalb nur als gesellschaftspolitisch gezähmte verfolgt wird.

Ein weiteres läßt sich in diesem Zusammenhang konstatieren. Die Dynamik des Rüstungswettlaufes zwischen Ost und West, in dem sich heute der Systemantagonismus immer noch am augenfälligsten dokumentiert, wird auf absehbare Zeit durch den im wesentlichen qualitativen Charakter dieses Wettlaufs bestimmt. Seine Entwicklung resultiert dabei heute weniger aus Aktions-Reaktionsprozessen; d. h. er ist weniger ein Wettlauf zwischen Antagonisten als vielmehr ein Wettlauf der Antagoni-

---

[29] Ebd.
[30] Vgl. hierzu Walter Möller und Fritz Vilmar, Sozialistische Friedenspolitik für Europa, Reinbek 1972.
[31] Vgl. Anmerkung 28.

sten mit sich selbst. Diese Innenbestimmtheit von Rüstungspolitik ist angesichts der gegebenen Größenordnungen von Rüstungspolitik, ihrer sicherheitspolitischen Prämissen (Abschreckungsdoktrin), ihrer innergesellschaftlichen oder allianzgebundenen Interessenbasis, angesichts der durch sie provozierten und in sie einfließenden technologischen Impulse und der aus diesen resultierenden organisatorischen Imperative effektiver Militärpolitik analytisch faßbar und für den Analytiker wenig überraschend, so sehr sicherheitspolitische Ideologien immer noch das Gegenteil, nämlich die These der Außenbestimmtheit von Rüstungspolitik propagieren.[32] Die Gefahren, die aus dem Rüstungswettlauf resultieren, sind weiterhin groß, wobei sowohl an jene zu denken ist, die aus den Militärpotentialen selbst resultieren, als auch an jene, die sich indirekt über die sozialen Kosten von Rüstungspolitik (Verarmung von Infrastrukturen und dgl.) einstellen. Dabei ist die herkömmliche, heute vielfach propagierte Rüstungskontrollpolitik, wie die Ergebnisse der vergangenen zehn Jahre zeigen, den Dimensionen und Größenordnungen heutiger Rüstungspolitik – ihrer Dynamik – nicht gewachsen, da Rüstungsdynamik redundant verursacht ist und die Gründe für den Ost-West-Konflikt kumulativen Charakter haben.[33]

Auf dieser Basis läßt sich prognostizieren, daß trotz aller heute beobachtbaren „Kooperationseuphorie" in Zentraleuropa und zwischen Ost und West im allgemeinen, eine solide Basis für echte friedensfördernde Kooperation sich nur schwer entwickeln wird, und daß das, was heute schon an sogenannter „Kooperation" (Festschreibung des territorialen Status quo, Technologietransfers, „joint ventures", verstärkter Handel und dgl.) beobachtbar ist, zwar die überkommene Kalte-Kriegs-Konstellation auflockert, diese jedoch nicht wirklich zu durchbrechen vermag. Die antagonistische Konfliktformation zwischen Ost und West wird auf absehbare Zeit ein realer Bestandteil der gegenwärtigen internationalen Gesellschaft bleiben; gleicher-

---

[32] Dieter Senghaas, Rüstung und Militarismus, Frankfurt 1972.
[33] Vgl. Dieter Senghaas, Aufrüstung durch Rüstungskontrolle. Über den symbolischen Gebrauch von Politik, Stuttgart 1972.

maßen wird die militarisierte Systemkonkurrenz nicht ohne weiteres überwunden werden, da sie in der Selbstwahrnehmung der Machteliten ein vermeintlich verläßlicher Garant von zwischenstaatlicher und gesellschaftspolitischer Stabilität ist. Dämpfende Eingriffe in die Militärapparate, beispielsweise mit dem Ziel der numerischen Begrenzung von Rüstungsniveaus, sind denkbar und wahrscheinlich, sofern sie die qualitative Weiterentwicklung bestehender Apparate und militärtechnologische Innovationen nicht beschränken.[34] Ebenso sind größere wirtschaftliche Austauschbeziehungen durchaus denkbar, obgleich ihnen gewisse Limits gesetzt sind, allein schon weil der „Integrationswettlauf" auf beiden Seiten weitergeht.[35]
Folgende Faktoren sind ebenfalls einer weitergehenden Kooperation hinderlich: die Quasi-Autarkie beider Systeme, die verschiedenartigen Wirtschafts- und Managementpraktiken, Devisenfragen, politische Implikationen, gesellschaftspolitische Ausweitungseffekte u. a.[36]
Trotz dieser Lagebeurteilung ist die Chance, daß offene kriegerische Auseinandersetzungen sich zwischen den beiden Antagonisten verhindern lassen, heute größer als jemals seit dem Ende des Zweiten Weltkrieges. Bemühungen um eine Konferenz für Sicherheit und Zusammenarbeit in Europa und um ähnliche Veranstaltungen, denen heute im Unterschied zu den fünfziger und sechziger Jahren nicht mehr aus dem Wege gegangen werden kann – wie immer sie auch heute noch im Gespinst herkömmlicher Diplomatie hin- und hergezerrt werden –, können zur Stabilisierung einer ansonsten immer noch relativ brüchigen Gesamtsituation Wesentliches beitragen.[37] Sie vermindern zu-

---

[34] Siehe meine Begründung hierfür in dem in Anmerkung 33 zitierten Buch.
[35] Johan Galtung hat diesen Begriff geprägt in seinem in Anmerkung 24 zitierten Artikel.
[36] Vgl. Anmerkung 26.
[37] Vgl. Ulrich Albrecht, Johan Galtung, Pertti Joenniemi, Dieter Senghaas und Sergiu Verona, Is Europe to Demilitarize? Some Analytical Suggestions and Practical Recommendations, in: Instant Research on Peace and Violence, Heft 4, 1972, sowie Dieter Senghaas, Volker Rittberger und Burkhard Luber, MBFR: Aufrüstung durch Rüstungskontrolle?, in: Aus Politik und Zeitgeschichte, B. 13/73 v. 31. 3. 1973.

mindest die Wahrscheinlichkeit eines jähen Rückfalls in den kalten Krieg, aus dem jederzeit gewaltsame Auseinandersetzungen resultieren könnten.[38]
Auch wirkt auf den gegenwärtigen West-Ost-Konflikt die Unterscheidung zwischen grundlegenden (antagonistischen) Interessenunvereinbarkeiten und lösbaren einzelnen Interessenkonflikten konfliktmäßigend und -dämpfend. Zwar sind die Kriterien für antagonistische Interessenunvereinbarkeiten weder in östlichen noch in westlichen Doktrinen explizit herausgearbeitet worden; doch ohne die Unterstellung einer derartigen Differenzierung wäre auch die Doktrin friedlicher Koexistenz (in ihren verschiedenartigen Variationen) nicht begreifbar und von keiner praktischen Bedeutung.[39]

4. Über die sogenannte Nord-Süd-Konfliktformation

Was den sozialistischen Staaten gelungen ist: die Dissoziation aus dem kapitalistisch beherrschten Weltwirtschaftssystem und mit ihr die Bewältigung der typischen elementaren Lebensprobleme (Ernährung, Alphabetisierung u. a.) von Entwicklungsländern, haben die Länder der Dritten Welt – mit Ausnahme von Kuba – noch keineswegs erreicht. Die strukturelle Lage der Dritten Welt bedarf einer eigenen Beschreibung, um die sogenannte Nord-Süd-Konfliktformation angemessen beurteilen zu können, die, obgleich von einer mit der West-Ost-Konfliktformation ähnlichen Problemsituation ausgehend, in fast keiner Hinsicht mit dieser sich vergleichen läßt.
Wurde oben die Interaktion der kapitalistischen Metropolen untereinander als institutionelles, gemeinsame Interessen absicherndes Verbundsystem von dichten Austausch- und Kommunikationsprozessen beschrieben und zeichnen sich die Bezie-

---

[38] Vgl. hierzu das Resultat einer Studiengruppe unter der Leitung von Johan Galtung, Einige institutionelle Vorschläge für ein System der Sicherheit und Zusammenarbeit in Europa.
[39] Diese Unterscheidung ist Bestandteil offizieller Sprachregelung in sozialistischen Staaten, wenn auch die spezifischen Inhalte variieren.

hungen zwischen kapitalistischen und relativ autozentrierten sozialistischen Staaten durch eine von nur wenigen handfesten Transaktionen durchbrochene strukturelle Dissoziation und politische Konfrontation aus (auf jeden Fall durch viel weniger Austauschbeziehungen als aufgrund der Größenordnung der Beteiligten statistisch „normalerweise" erwartet würde)[40], so stellen die Infrastruktur der Dritten Welt qua Region und die Beziehungsmuster der Dritten Welt zur übrigen internationalen Gesellschaft das schiere Gegenteil beider erwähnter Strukturmuster dar.

Seit der Penetration Lateinamerikas, Afrikas und Asiens durch den Kolonialismus und Imperialismus Europas und der USA, sind diese Kontinente ihrer Selbständigkeit verlustig gegangen und in eine von den kapitalistischen Metropolen erzwungene internationale Arbeitsteilung eingegliedert worden.[41] Diese hat in den vergangenen Jahrhunderten, seit den Tagen des Raubkolonialismus bis zu den gegenwärtig rapide wachsenden Niederlassungen multinationaler Konzerne, Abhängigkeitsbe-

---

[40] Vgl. hierzu das von mir entwickelte systemanalytische Autismus-Modell in dem Buch: Abschreckung und Frieden. Studien zur Kritik organisierter Friedlosigkeit, Frankfurt 1972², S. 170 ff.
[41] Zum folgenden siehe auch meine Einleitung und die Beiträge in: Dieter Senghaas (Hrsg.), Imperialismus und strukturelle Gewalt. Analysen über abhängige Reproduktion, Frankfurt 1972.
Weiterhin sei ausdrücklich auf folgende wichtige Monographien hingewiesen: Samir Amin, L'accumulation à l'échelle mondiale, Paris 1971²; Christian Palloix, L'économie mondiale capitaliste, Paris 1972, vor allem Bd. 2; Fernando Henrique Cardoso und Enzo Faletto, Dependencia y desarrollo en América Latina, Mexiko 1971³; Antonio García, La estructura del atraso en la América Latina, Buenos Aires 1970; Pablo Gonzáles Casanova, Sociología de la explotacíon, Mexiko 1970²; Theotonio dos Santos, Dependencia y cambio social, Santiago 1970; Andre Gunder Frank, Kapitalismus und Unterentwicklung in Lateinamerika, Frankfurt 1968; Celso Furtado, La concentracíon del poder económico en los Estados Unidos y sus reflejos en la América Latina, Buenos Aires 1969; Ruy Mauro Marini, Subdesarrollo y revolucion, Mexiko 1969; Franz Hinkelammert, El subdesarrollo latino-americano: un caso del desarrollo capitalista, Buenos Aires 1970; Osvaldo Sunkel und Pedro Paz, El subdesarrollo latino-americano y la teoría del desarrollo, Mexiko 1970. Vgl. jetzt auch Luciano Martins (Hrsg.), Amérique Latine. Crise et dépendence, Paris 1972. Vgl. auch die frühe Arbeit von Gustavo Lagos, International Stratification and Underdeveloped Countries, Chapel Hill 1963.

ziehungen geschaffen, die die Lage der Dritten Welt bis heute im einzelnen kennzeichnen.[42] Nirgendwo in der internationalen Gesellschaft sind Herrschaftsstrukturen so kraß und gleichzeitig so transparent wie in dem Verhältnis von kapitalistischen Metropolen und ihren „Peripherien" in den drei Kontinenten des Südens. Nicht nur wurden durch die kapitalistische Penetration mehr oder weniger organische gesellschaftliche Gebilde in den vergangenen Jahrhunderten zerstört und neue willkürliche Staaten am Reißbrett europäischer Kabinettspolitik sowie an Ort und Stelle durch militärische Machtauseinandersetzungen geschaffen; die so kreierten Kolonien wurden auch in einer Weise ihren jeweiligen Metropolen zwangsweise zugeordnet, daß eine Solidarisierung unter ihnen selbst relativ geringe Chancen hatte. Erreicht wurde dieses Ziel durch die Unterbrechung bestehender Kommunikations- und Transaktionsbahnen zwischen verschiedenen Bereichen in der Dritten Welt (in denen es zum Teil vor dem Eintreffen der Europäer einen blühenden regionalen Handel gab) oder durch die systematische Verhinderung einer regionalen Infrastruktur, die solche Austauschbeziehungen ermöglicht und damit auch politische Solidarisierungschancen erhöht hätte. Die jeweiligen Metropolen, als die dominanten dynamischen Pole dieser Penetration, hielten in ihren Händen ein Monopol an Information, an Kommunikationsmöglichkeiten, an politischer Macht und den ihr zugeordneten Herrschaftsinstrumenten (Interventionstruppen und dgl.), während sie gleichzeitig – wenn auch in verschiedenen Regionen zu unterschiedlichen Zeiten und mit verschiedenen Methoden – in ihren Kolonien verläßliche Brückenköpfe aufzubauen sich bemühten, bestehend aus den Angehörigen alter oder neuer Eliten, um an Ort und Stelle durch eine Form von politischer Arbeitsteilung ihre Herrschaft

---

[42] Zur Entwicklung und Funktion von multinationalen Firmen siehe Charles Kindleberger (Hrsg.), The International Corporation, Cambridge 1970; Raymond Vernon, Sovereignty at Bay. The Multinational Spread of US Enterprises, New York 1971, sowie verschiedene Studien von Stephen Hymer, u. a. Multinationale Konzerne und das Gesetz der ungleichen Entwicklung, in: Dieter Senghaas (Hrsg.), Imperialismus und strukturelle Gewalt, a.a.O. (Anmerkung 41), S. 201–238.

einzupflanzen und ihre Einflußchancen zu stabilisieren. Es wäre völlig falsch anzunehmen, daß diese in verschiedenen Variationen von den kapitalistischen Metropolen aufgebaute divide et impera-Struktur die Kolonien nur überwölbte oder daß sie allein auf die politische Verwaltung konzentriert worden wäre. In Wirklichkeit ist diese politische Herrschaftsstruktur bis auf den heutigen Tag, wenn auch heute mit anderer Akzentuierung als früher, die Widerspiegelung einer tiefgreifenden Penetration der abhängigen beherrschten Gebiete durch die Metropolen. Diese asymmetrische Penetration der dominanten Zentren in die abhängigen Peripherien erfolgte, wenn auch in einzelnen Fällen in verschiedenartiger Kombination und mit variablem Gewicht, tendenziell in allen wesentlichen gesellschaftlichen Sektoren: vermittels der Beherrschung des Sozialisationsbereiches, im weitesten Sinne verstanden (Kulturimperialismus); durch die Beherrschung der Kommunikationsmedien (Kommunikationsimperialismus) sowie des politischen, militärischen und Rechtssystems (politischer Imperialismus) und nicht zuletzt, eher allen voran: durch die Ausrichtung der ökonomischen Reproduktion der Peripherien auf die Bedürfnisse der Metropolen (ökonomischer Imperialismus und abhängige Reproduktion). Ohne einer ökonomistischen und damit monistischen Theorie zu verfallen, kann behauptet werden, daß die erzwungene Einordnung der Ökonomien der Dritten Welt in die Ökonomien der Metropolen, durch die das kapitalistisch dominierte Weltwirtschaftssystem in den vergangenen Jahrhunderten sich in Etappen herausgebildet hat, den zentralen Angelpunkt in einer Erklärung der gegenwärtigen Lage der Dritten Welt darstellt.[43]

Diese Eingliederung beruhte, wie schon erwähnt, auf einer weltweiten Arbeitsteilung, derzufolge – grob formuliert – die Dritte

---

[43] Vgl. hierzu jetzt Parviz Khalatbari, Ökonomische Unterentwicklung. Mechanismus. Probleme. Ausweg, Frankfurt 1972; sowie die früheren Arbeiten von Paul Baran, Politische Ökonomie des wirtschaftlichen Wachstums, Neuwied und Berlin 1966; Conrad Schuhler, Zur politischen Ökonomie der armen Welt, München 1968, sowie den Sammelband Robert Rhodes (Hrsg.), Imperialism and Underdevelopment, New York 1970. Datenreich ist Pierre Jalée, Die Dritte Welt in der Weltwirtschaft, Frankfurt 1969.

Welt sich in der Produktion und im Export von Rohstoffen und/oder landwirtschaftlichen Produkten spezialisieren mußte, neuerdings auch in der Produktion von Industriegütern niedrigen Verarbeitungsgrades, während die Industrienationen verarbeitete Produkte herstellen und exportieren. Wird eine derartige Arbeitsteilung über Jahrzehnte – oder wie in diesem Fall über Jahrhunderte – verfolgt, so entwickelt sich notwendigerweise eine Kluft zwischen Industrienationen und den Lieferanten von nicht oder nur wenig verarbeiteten Produkten, die sich zu einer eigenständigen Struktur verfestigt.[44] Denn Verarbeitungsprozesse setzen moderne Infrastrukturen voraus und sie fördern deren Wachstum und Differenzierung in Produktion, Distribution, Ausbildung, Technologie usw. Eine vergleichbare Chance solcher relativen Autonomie und autozentrierten Entwicklung ist abhängigen sozioökonomischen Formationen nicht gegeben, da die sie kennzeichnende abhängige und deformierte Reproduktion (Monokultur, Exportorientierung, Marginalisierung u. a.) das Ergebnis ihrer arbeitsteiligen Eingliederung in das kapitalistische Weltwirtschaftssystem ist.[45] Ihre Spezialisierung ist nicht eine selbstgewählte; sie richtet sich in erster Linie nach den jeweiligen Bedürfnissen der Metropolen.[46] Dieser Sachverhalt springt in historischen Analysen der Dritten Welt deutlich ins Auge; auch die Geschichte der politischen und sozialen Formationen der Dritten Welt kann als eine Funktion der von außen erfolgenden Penetration Stufe um Stufe nachgezeichnet werden und läßt sich nicht aus internen Bedingungen allein erklären.

Dieser Eingliederungsprozeß der Dritten Welt in das kapitalistische Weltwirtschaftssystem erfolgte natürlich nicht ohne Widerstand und Friktionen. Wenn heute die Instrumente, mit deren Hilfe die Dritte Welt beherrscht und ausgebeutet wird,

---

[44] Hierauf hat vor allem Johan Galtung mit seinem „Theorem differentieller spinn-off-Effekte" hingewiesen. Siehe seinen Beitrag „Eine strukturelle Theorie des Imperialismus", in: Dieter Senghaas (Hrsg.), Imperialismus und strukturelle Gewalt, a. a. O. (Anmerkung 41), S. 29–104.
[45] Vgl. hierzu Dieter Senghaas (Hrsg.), Peripherer Kapitalismus. Analysen über Abhängigkeit und Unterentwicklung, Frankfurt 1973 (i. E.).
[46] Vgl. hierzu auch Ernest Mandel, Der Spätkapitalismus, Frankfurt 1972.

mit maßgeblichen Ausnahmen (wie z. B. Vietnam) nicht mehr in einer gleichen Weise spektakulär brutal sind wie noch vor wenigen Jahrzehnten und schon gar in vergangenen Jahrhunderten; wenn Kapitalinvestitionen, Entwicklungshilfe, Technologietransfer, kulturelle Indoktrination u. a. elegantere Medien der Beherrschung sind als Raubkolonialismus, Sklavenhandel, militärische Interventionen, offene politische Unterdrückung und dgl., so muß doch betont werden, daß auch heute noch – und trotz formaler politischer „Selbständigkeit" – die Beziehungen von den kapitalistischen Metropolen zu den Peripherien solche des ungleichen Tauschs, der Ausnutzung und Ausbeutung sowie weiterhin die einer Arbeitsteilung sind, die die dominanten Zentren systematisch bevorzugt und die beherrscht-abhängigen Peripherien systematisch benachteiligt.[47]

Die Schlußfolgerung, die hieraus zu ziehen ist, läßt sich in einer These formulieren, die für das Verständnis der Lage der Dritten Welt von fundamentaler Bedeutung ist:

Die Unterentwicklung der Dritten Welt markiert nicht ein Durchgangsstadium auf dem Wege zu autozentrierter Entwicklung, wie dies in der Geschichte der Industrialisierung oder Modernisierung europäischer Gesellschaften der Fall war. Unterentwicklung ist vielmehr ein integraler Bestandteil des historischen Prozesses des von kapitalistischen Metropolen dominierten internationalen Systems. Die Entwicklung dieser Metropolen – der Zentren – und die Geschichte der Unterentwicklung der Dritten Welt sind miteinander über das internationale System vermittelte, komplementäre Vorgänge.[48]

---

[47] Neben der schon in Anmerkung 41 zitierten Literatur, insbesondere den Arbeiten von Samir Amin, Christian Palloix und Pablo González Casanova, wäre hier zu nennen Arghiri Emmanuel, L'échange inégal, Paris 1969 (jetzt auch erweitert englisch: Unequal Exchange, A Study of the Imperialism of Trade, New York 1972), sowie Ernest Mandel, Der Spätkapitalismus, Frankfurt 1972, Kapitel 11.
[48] Dies ist ein grundlegendes Ergebnis der sogenannten dependencia-Diskussion in Lateinamerika in den vergangenen zehn Jahren. Ausführliche Literaturhinweise, über die in Anmerkung 41 zitierte Literatur hinausgehend, finden sich in meiner Bibliographie in dem in Anmerkung 41 zitierten Buch: Imperialismus und strukturelle Gewalt (S. 386–399). Siehe ebenfalls die in diesem Sammelband abgedruckten Arbeiten von Theotonio dos Santos, Celso Furtado

Eine angemessene Analyse der Lage der Dritten Welt kann sich also nicht darauf beschränken, festzustellen, ob diese oder jene Kapitalinvestition an Ort und Stelle von seiten der Metropolen Extraprofite ermöglicht, die in den Zentren selbst nicht zu realisieren wären; ob die terms of trade stabilisierbar sind und dgl. mehr; sie muß die Totalität oder den Systemcharakter der historisch gewachsenen, asymmetrisch strukturierten Beziehungen zwischen Metropolen und Peripherien aufzeigen[49], also eine internationale Herrschaftsstruktur transparent machen, die eine kumulative Bereicherung eines Pols, der Herrschenden, und eine kumulative, relative und in vielen Fällen sogar absolute Pauperisierung der Beherrschten systematisch fördert.[50]

Dieses hier gezeichnete Bild bedarf jedoch einer wesentlichen Präzisierung hinsichtlich einiger Details, die diese Herrschaftsstruktur kennzeichnen, und die einen Unterschied ums Ganze machen. Das bisher entwickelte Bild suggeriert eine Konfrontation zwischen Nord und Süd, so wie ja auch die Rede von einem Nord-Süd-Konflikt heute gängig ist. In Wirklichkeit wird dieses Bild einer dichotomisch weltweit polarisierten Struktur, die von einem eindeutigen Oben, Herrschaftszentren, und von einem eindeutigen Unten, Ausgebeuteten, geprägt wird, durch die Tatsache durchkreuzt, daß herrschende Klassen und privilegierte Schichten in den Peripherien, also eine Bevölkerungsminderheit, einen Lebensstandard und Konsumptionsniveaus erreicht haben, die in fast jeder Hinsicht den in den kapitalistischen Metropolen selbst gängigen Maßstäben entsprechen. Diese Klassen und Schichten operieren nicht nur als lokale Eliten der Metropolen an Ort und Stelle; als Privilegierte sind sie in den Kern-

---

sowie insbesondere von Osvaldo Sunkel. Vgl. jetzt auch Segiu de la Peña, El anti-desarrollo en América Latina, Mexiko 1971.

[49] Hierauf hat neuerdings Armando Córdova (Caracas) zu Recht in einem noch unveröffentlichten Papier „Hacia una teoría de los conjunctos multisocietarios como base de la interpretacíon del subdesarrollo" aufmerksam gemacht.

[50] Über die polit-ökonomischen Probleme unterrichtet vorzüglich Thomas Weisskopf, Capitalism, Underdevelopment and the Future of Poor Countries, in: Jagdish N. Bhagwati (Hrsg.), Economics and World Order, New York 1972, S. 43–77. Wie Hilfe pauperisiert, stellt Tibor Mende in seinem Buch: De l'aide à la récolonisation. Les leçon d'un échec, Paris 1972, dar.

bereich des kapitalistischen Weltwirtschaftssystems eingegliedert und spielen für die Metropolen auf der zweiten (subimperialistischen) oder auf tieferliegenden Ebenen dieses Gesamtsystems eine politische Stellvertreter- oder Agentenrolle.[51] Die Existenz eines derart privilegierten internationalistischen Kernbereichs in Ländern der Dritten Welt selbst (die Zentren der Peripherien) wird durch aggregative nationale Durchschnittsdaten, beispielsweise durch Vergleiche des Pro-Kopf-Einkommens, die in den Medien der Metropolen immer noch beliebt sind, unterschlagen. In Wirklichkeit ist das Pro-Kopf-Einkommen privilegierter Schichten in den Peripherien mancherorts höher als das Durchschnitts-Pro-Kopf-Einkommen in hochentwickelten Industrienationen. Kein Wunder, daß diese Personenkreise auf die bestehende Ordnung in jeder Hinsicht eingeschworen sind.

Die Existenz derart internationalisierter Brückenköpfe[52], die sich aus lokaler Bevölkerung rekrutieren, vermag auch zu erklären, warum es bis heute – trotz fünfhundertjähriger Geschichte von Abhängigkeit und Ausbeutung – zu keiner kollektiven Konfrontation von Dritter Welt und Metropolen kam. Sicher spielen hier die verschiedenartigen Entwicklungsniveaus insgesamt eine Rolle; das Kräfteverhältnis scheint, von der Ausgangslage her betrachtet, zu ungleich, um einen Konflikt zu wagen; sicher hat die früher schon aufgezeigte divide et impera-Struktur, welche die Dritte Welt mit großem Erfolg aufsplitterte und sie daran hinderte, selbst handlungsfähiges politisches Subjekt zu werden, denkbare Solidarisierungen an Ort und Stelle gegen den übermächtigen Kolonialherrn in der Ferne von vornherein nicht aufkommen lassen. Der entscheidende Punkt jedoch ist, daß die von uns aufgezeigte internationale Herrschaftsstruktur an Ort und Stelle in der Dritten Welt von lokal

---

[51] Hierzu den exemplarischen Artikel von Ruy Mauro Marini, Brazilian Subimperialism, in: Monthly Review, Bd. 23, Nr. 9, 1972, S. 14–24.
[52] Hierzu auch den Beitrag von Osvaldo Sunkel, Transnationale kapitalistische Integration und nationale Desintegration: Der Fall Lateinamerika, in: Dieter Senghaas (Hrsg.), Imperialismus und strukturelle Gewalt, a.a.O. (Anmerkung 41), S. 258–315.

rekrutierten und organisierten Brückenköpfen der kapitalistischen Welt getragen und im Endeffekt vielfach verteidigt und nur in seltenen Fällen angegriffen worden ist, so daß einer individuellen und kollektiven Konfrontation in der Regel der strukturelle soziologische Unterbau fehlte. Diese Gesamtstruktur des kapitalistischen Weltwirtschaftssystems hat weiterhin dazu geführt, daß in dem Maße, in dem die herrschenden Schichten der Dritten Welt sich als privilegierte Zentren in dieses Wirtschaftssystem integrierten (transnationale kapitalistische Integration), die eigenen Gesellschaften einem wachsenden Desintegrations- und Entnationalisierungsprozeß (bis hin zur jüngst zunehmenden Übernahme nationaler Industrien durch die multinationalen Konzerne der Metropolen) ausgesetzt wurden (nationale Desintegration). Die Herausbildung einer selbstbewußten nationalen Bourgeoisie in der Dritten Welt im Unterschied zum Europa des 16. bis 19. Jahrhunderts ist folglich unwahrscheinlich[53], so wie das Proletariat in den Ländern der Dritten Welt aufgespalten bleibt zwischen jenen Teilen, die den Status von Arbeiteraristokratien annehmen und jenen Teilen, die zwischen chronischer Arbeitslosigkeit, Unterbeschäftigung, Marginalität, sei es in den urbanen Zentren oder auf dem Land, ein entrechtetes jämmerliches Dasein auf oder unter dem Existenzminimum fristen. Zwar stellen letztere die überwiegende Mehrheit der Bevölkerungsmassen dar, doch ihrer Organisation als politischem Subjekt stehen erhebliche objektive Schwierigkeiten im Wege, die größer sind als jene, mit denen sich die klassische europäische Arbeiterbewegung im 18. und 19. Jahrhundert konfrontiert sah.[54]

Wir wollen hier die Darstellung einiger Elemente der sogenannten Nord-Süd-Konfliktformation abbrechen. Dieser „Konflikt" entzweit nicht Ebenbürtige, wie das in den klassischen interimperialistischen Auseinandersetzungen des vergangenen Jahr-

---

[53] Exemplarisch hierzu jetzt Fernando Henrique Cardoso, Ideologías de la burguesía industrial en sociedades dependientes, Mexiko 1971.
[54] Vgl. hierzu den grundlegenden Artikel von Anibal Quijano, Redefinicíon de la dependencia y de la marginalizacíon en América Latina (Santiago 1970, unv. Ms.).

hunderts (England vs. Frankreich usf.) einigermaßen der Fall war. Er gleicht in seiner Grobstruktur eher einem Herr-Knecht-Verhältnis; in seiner Feinstruktur wird er durch Abhängigkeitsstufen und Abhängigkeitsketten gekennzeichnet, die durch spezifische Herrschaftsmechanismen (Arbeitsteilung, Brückenköpfe und dgl.) aufrechterhalten werden. Seit dem Sieg der chinesischen Revolution (1949) und trotz des politischen Dekolonisierungsprozesses der fünfziger und sechziger Jahre hat diese Konfliktformation bis heute keine Virulenz von einer Größenordnung angenommen, die sie auf die Höhe eines offenen Konfliktes eskaliert hätte. Natürlich gibt es Ausnahmen wie Kuba und Vietnam, deren wirkliche Bedeutung erst einsehbar wird, wenn man gleichzeitig die von uns gezeichnete Gesamtstruktur des kapitalistischen Weltwirtschaftssystems und die in sie eingebauten Sicherungsmaßnahmen gegen Veränderungen im Auge hat. Doch daß die Chance der Steuerbarkeit und Kontrollierbarkeit der Dritten Welt durch die Metropolen nicht mehr so problemlos unterstellt werden kann wie noch vor wenigen Jahrzehnten (bei allen gelegentlichen Eruptionen und massiven militärischen Konfrontationen, die es auch damals gab), zeigt der in den fünfziger und sechziger Jahren rapide anwachsende Einsatz von Instrumenten der Repression zur Sicherung von Ordnung und Loyalität, worin sich als Schrittmacher die USA besonders „ausgezeichnet" haben.[55] Vietnam gleicht nur der Spitze eines Eisberges.

Weiterhin zeigt unsere Analyse, wie fragwürdig das Bild friedlich untereinander kooperierender kapitalistischer Metropolen letztlich ist, wenn es nicht vervollständigt wird durch die Feststellung, daß dieser Frieden – im Sinne einer Abwesenheit von gewaltsamen zwischenstaatlichen Konflikten – durch eine historisch gewachsene, systematische und über das kapitalistisch dominierte Weltwirtschaftssystem vermittelte Ausbeutung er-

---

[55] Bekanntlich ist die konterrevolutionäre Strategie der „counter-insurgency" vor nunmehr etwa zehn bis 15 Jahren zwar nicht erfunden, doch auf eine neue systematische Weise durchdacht und in konkrete neue Waffenprogramme übersetzt worden. In der praktischen Politik war „counter-insurgency" immer schon Teil kolonialistischer und imperialistischer Herrschaft.

gänzt wird (also durch eine Organisation von Ungerechtigkeit), sowie er andererseits in den vergangenen 20 Jahren ebenso durch eine vehement verfolgte Rüstungspolitik charakterisiert war. Diese Bewertung gilt auch, und heute vielleicht insbesondere, für die EWG, die die von uns geschilderte Gesamtstruktur mit Hilfe von Assoziationsabkommen mit Teilen der Dritten Welt erneut auf Zeit zu konsolidieren vermochte und auszuweiten bestrebt ist.[56]

5. Weitere Konfliktformationen: intersozialistische, Inter-Dritte Welt, Formationen struktureller Gewalt

Unsere Überlegungen bis zu diesem Punkt wollten keinen vollständigen Überblick über gegenwärtige maßgebliche Konfliktformationen in der internationalen Gesellschaft zeichnen.

a) Ergänzt muß diese Darstellung vor allem durch eine Analyse der zwischen sozialistischen Staaten angelegten Konfliktformation werden, und hier insbesondere durch eine Charakterisierung des Konfliktes zwischen der Sowjetunion und China.
Diese Formation ist deshalb von Bedeutung, weil an ihr sich zeigen läßt, daß eine staatlich vermittelte sozialistische Gesellschaftsordnung auf dem jetzigen Entwicklungsniveau per se kein verläßlicher Garant friedlicher Beziehungen ist. Der Hinweis, daß jede der beiden Nationen für sich in Anspruch nimmt, den eigentlich „echten" Sozialismus zu verkörpern, während der andere als „revisionistisch" gekennzeichnet wird, gleicht einem propagandistischen Ablenkmanöver. Denn es kann kein Zweifel bestehen, daß beide Gesellschaftsordnungen trotz aller sozio-ökonomischen Unterschiede vom Ansatz her sich wesentlich eher von kapitalistischen unterscheiden als voneinander. Paradigmatisch verdeutlicht dieser Konflikt, welcher Einfluß

---

[56] Vgl. hierzu Johan Galtung, Kapitalistische Großmacht Europa oder Die Gemeinschaft der Konzerne, Reinbek 1973, sowie den sehr instruktiven Artikel von Helge Hveem und Ole Kristian Holthe, EEC and the Third World, in: Instant Research on Peace and Violence, Nr. 2, 1972, S. 73–85.

neben den sozio-ökonomischen Faktoren (die einzelne Gesellschaftsordnungen typischerweise charakterisieren) solchen geschichtsmächtigen Größen zukommt wie historisch gewachsenen sozialpsychologischen Fixierungen sowie insbesondere staatlicher Organisation, die auch im sozialistischen Kontext Massenloyalität – angesichts der Abwesenheit von effektiven basisdemokratischen Kontrollmöglichkeiten von unten und angesichts stark hierarchisierter und zentralisierter Willensbildungs- und Entscheidungsprozesse – zu militarisieren imstande ist.[57]
Der Konflikt zwischen der SU und China ist auch deshalb von Bedeutung, weil er in seiner allgemeinsten Grundstruktur präzise dem sich nach 1943 und 1945 verstärkt entwickelnden Konflikt zwischen den USA und der SU gleicht. Zwar stehen sich hier nicht Kapitalismus und Sozialismus gegenüber; nach den offiziellen Verlautbarungen in Moskau handelt es sich in China um eine Gesellschaft kleinbürgerlichen Charakters, in der eine dem Sozialismus feindliche Machtclique herrscht; und China begreift seit den frühen sechziger Jahren die Sowjetunion als eine in eine Form von Staatskapitalismus zurückgefallene sozialimperialistische Macht. Nicht solche Invektiven stehen zur Diskussion, sondern die Tatsache, daß beide Nationen heute (und schon seit vielen Jahren) fast keine „realistischen Beziehungen" (wie wirtschaftlichen Austausch, Technologietransfer, Kommunikation und dgl.) miteinander pflegen, faktisch also je autark gegenüber dem anderen sind, während ihre negativ besetzten, affektiven Fixierungen (Freund-Feind-Bilder) in den vergangenen Jahren stark eskalierten und über weite Strecken auf beiden Seiten durch eine bewußt und kalkuliert inszenierte staatliche und von den Parteiapparaten organisierte Propaganda angeheizt wurden. Parallel zu dieser Eskalation der Invektiven, eskalierten die Militärapparate beider Seiten, die einer derartigen „Wortpolitik" deutlichen Nachdruck verleihen sollten. Der Konflikt zwischen SU und China hat sich

---

[57] Zur Rolle staatlicher Organisation im allgemeinen siehe Ekkehart Krippendorff, The State as a Focus of Peace Research, in: Papers, Peace Research Society (International), Bd. 16, 1971, S. 47–60.

damit zu einem typischen Fall autistisch bestimmter Auseinandersetzung entwickelt, an dessen Grundlage – ganz ähnlich wie im Konflikt zwischen West und Ost – harte interessenpolitische Auseinandersetzungen liegen.[58] Zu solchen Auseinandersetzungen gehört insbesondere der Kampf um die unbestrittene Führung in der internationalen sozialistischen Bewegung, den beide Mächte sich gegenseitig streitig machen.

Auch von einem anderen Gesichtspunkt gleicht dieser Konflikt der West-Ost-Konfrontation. Hier wie dort spielt sich der Konflikt zwischen – in vielerlei Bereichen – ungleichen Kontrahenten ab: der Konflikt ist asymmetrisch angelegt, und die überlegene Macht, im West-Ost-Konflikt die USA und im sowjetisch-chinesischen Konflikt die SU, handelt als Schrittmacher der Auseinandersetzung, insbesondere in konkreten Rüstungsprogrammen und militärpolitischen Maßnahmen. Die heute zwischen SU und China beobachtbare Eskalation der Auseinandersetzung folgt klassischen machtpolitischen Mustern. Würde eine wirklich rational kalkulierte Politik der Entschärfung des Konfliktes praktiziert, so strebte sie genau das Gegenteil dessen an, was heute beobachtbar ist: statt einer Eskalation

---

[58] Zur Theorie autistischer Eskalationsprozesse siehe Dieter Senghaas: Rüstung und Militarismus, Frankfurt 1972, Teil II.
Welche Fehlinterpretation parteiisch-interessenbedingten Ursprungs die Wissenschaft zutage fördert, zeigt sich in diesem Zusammenhang sehr deutlich in der Bewertung des sowjetisch-chinesischen Konflikts durch sowjetische Wissenschaftler in einer jüngst veröffentlichten Publikation, die repräsentativen Charakter haben soll: Vgl. den Artikel von W. I. Gantman, Typen, Inhalt, Struktur und Entwicklungsphasen des internationalen Konflikts" (russ.), in: W. W. Shurkin und E. M. Primakov (Hrsg.), Mezdunarodnye konflikty (Internationale Konflikte), Moskau 1972. Dort heißt es:
„Nicht ausgeschlossen ist das Entstehen einzelner (selbst relativ stabiler oder schärfer) internationaler Konfliktsituationen in denjenigen Fällen, in denen in den herrschenden Kreisen eines sozialistischen Landes unter bestimmten Bedingungen nationalistische, chauvinistische, antisowjetische Stimmungen überhandnehmen, wie dies in China geschieht. Sie können die Klassennatur und die Ziele der Außenpolitik entstellen und zu Konflikten mit anderen sozialistischen Staaten führen. Eine solche Entwicklung ist jedoch nicht typisch für die sozialistische Außenpolitik. Sie dürfen daher vom wissenschaftlichen Standpunkt aus nicht im Rahmen der typologischen Ordnung betrachtet werden. Jeder Fall derartiger außergewöhnlicher Konfliktsituationen muß daher einer besonderen konkreten Analyse unterworfen werden."
(S. 36) Vgl. auch den Beitrag von Gantman in diesem Buch.

vorantreibenden Überreaktion eine Politik der Unterreaktion, die eine Seite bewußt einleiten müßte. So besteht die Gefahr, daß eine neue Achse des internationalen Rüstungswettlaufs aufgebaut wird, die möglicherweise sich in ganz ähnlichen Phasen entwickeln würde wie der West-Ost-Konflikt, ständig durchsetzt von der realen Gefahr des Ausbruches eines heißen und nicht nur konventionellen Krieges.

b) Unterbelichtet blieben auch all jene Konfliktpotentiale in der Dritten Welt selbst, die – gewissermaßen als ein spätes Erbe des Kolonialismus – heute von den politisch „souveränen" Staaten innerhalb der drei südlichen Kontinente ausgetragen werden. Das kolonialistische Erbe ist hier besonders zu betonen, weil in den meisten konkreten Fällen die Ergebnisse der von den Europäern in den vergangenen Jahrhunderten verfolgten Politik (willkürliche Grenzziehungen; das Auseinanderreißen von ethnisch zusammengehörigen Volksgruppen; die jahrzehntelange Privilegierung von einzelnen Gruppen zum Nachteil anderer – ein besonderer Trick von Herrschaftssicherung in der Fremde – u. a. m.), die heute als zwischenstaatliche und Bürgerkriege sich manifestierenden Auseinandersetzungen maßgeblich mitbestimmen.

Auch diese Fälle sind von allgemeiner Bedeutung und lassen sich nicht auf lokale oder regionale Querelen reduzieren. Dies nicht so sehr, weil in der Regel die Metropolen des Westens oder die als Anti-Metropolen auftretenden sozialistischen Staaten in oft merkwürdigen Allianzen und Gegenallianzen (wie im jüngsten Krieg zwischen Indien und Pakistan um Bangla Desh) ihre Finger im Spiel haben; dies ist alte, erwartbare Interventionspolitik und nichts besonders Neues. Die allgemeine Bedeutung dieser – tatsächlich oder quasi – innergesellschaftlichen Konflikte rührt davon her, daß sie in der Regel strukturell der sogenannten, von uns oben näher gekennzeichneten Nord-Süd-Konfliktformation entsprechen[59] und darüber hinaus auch in

---

[59] Vgl. hierzu paradigmatisch die Studie von K. P. Misra, Intra-State Imperialism. The Case of Pakistan, in: Journal of Peace Research, Bd. 9, 1972, S. 27–40.

den Metropolen selbst aufbrechen (wie in den schwarzen Gettos der USA, in Nord-Irland und anderswo). Statistisch sind diese Konflikte, die in Formationen krasser sozialer Ungerechtigkeit (struktureller Gewalt) entstehen, sogar in den vergangenen zehn Jahren häufiger gewesen als klassische zwischenstaatliche Kriege, wobei, wie in Vietnam und Bangla Desh, solche konkreten Konflikte heute wenigstens in der Dritten Welt typischerweise Elemente von beidem, zwischenstaatlichem und Bürgerkrieg, enthalten.

Die rein numerische Zunahme solcher Auseinandersetzungen ist Signal. Sie weist darauf hin, daß zumindest im lokalen und möglicherweise auch im beschränkt regionalen Umkreis bei wachsenden Chancen der Mobilisierung und Organisierung von Menschen aus politischer Apathie heraus, krasse soziale Ungerechtigkeit und Ausbeutung (Formationen struktureller Gewalt, die Menschen per Gesellschaftsordnung tötet)[60] von den potentiellen Opfern solcher Gewalt weniger erduldet werden als noch vor wenigen Jahrzehnten und die Toleranz für gesellschaftlich vermitteltes Leiden in den zurückliegenden Jahren wesentlich gesunken ist. Dies ist selbst ein hoffnungsvolles Zeichen für Frieden, verstanden als eine dynamische Entwicklung von sozialer Gerechtigkeit, wenn auch prognostiziert werden kann, daß der Weg zu menschenwürdigen, ja selbst nur zu Menschenleben einfach erhaltenden Verhältnissen angesichts versteinerter politischer Strukturen, je mehr von Gewalt durchsetzt sein wird, je verhärteter überkommene politische und gesellschaftliche Ordnungen sind. Erodiert deren Legitimationsbasis und werden Menschen unter gegebenen Umständen des politischen und sozio-ökonomischen Status quo zur Gewalt als einem Mittel der Kommunikation getrieben, ist diese zwar unter Einsatz von Polizei und Militär eindämmbar, jedoch lassen sich derartige Konfliktpotentiale durch eine legalistisch vertretene law and order-Politik weder lösen, noch läßt sich eine

---

[60] Zur Konzeption struktureller Gewalt siehe Johan Galtung, Gewalt, Frieden und Friedensforschung, in: Dieter Senghaas (Hrsg.), Kritische Friedensforschung, Frankfurt 1972², S. 55–105.

solche Politik mit Hinweis auf die vermeintliche Erhaltung des
„Friedens" legitimieren.[61]

III. *Zur Problematik von Frieden und sozialer Gerechtigkeit
in der internationalen Gesellschaft*

Wie stellt sich, angesichts der aufgezeigten Struktur internationaler Gesellschaft und der in ihr begründeten hauptsächlichen Konfliktformationen, das Problem von Frieden und sozialer Gerechtigkeit?
Wir fassen die Antwort in den folgenden Thesen zusammen:

1. Es gibt angesichts der in der internationalen Gesellschaft beobachtbaren Konfliktformationen und Konfliktpotentiale keinen friedenspolitischen passe-partout, keine einheitlichen praktischen Handlungsdevisen, die auf alle konkreten Situationen gleichermaßen anwendbar wären. Die Suche hat sich also auf kontextspezifische oder konfliktspezifische Lösungsstrategien zu richten, die auch je nach dem erreichten Stadium eines konkreten Konfliktes zu variieren sind.[62]

2. Die überkommenen Konzeptionen der Friedenssicherung – orientiert an einem Begriff von Frieden als Abwesenheit von Gewalt – erweisen sich heute als unzulänglich, vor allem wenn man sie, wie dies häufig geschieht, auf beliebige Konfliktformationen und beliebig strukturierte konkrete Konflikte beziehen wollte.[63] Ihre Unzulänglichkeit, ja Gefährlichkeit, erweisen sie

---

[61] Hierzu meine Ausführungen in Dieter Senghaas, Aggressivität und kollektive Gewalt, Stuttgart 1972². Sowie jetzt Wolf-Dieter Narr, Gewalt und Legitimität, in: Leviathan, Bd. 1, 1973, Heft 1, S. 7–42, und die Beiträge in Lewis Coser (Hrsg.), Collective Violence and Civil Conflict, Sondernummer des Journal of Social Issues, Bd. 28, 1972, Nr. 1.
[62] Vgl. Dieter Senghaas, Friedensforschung. Theoretische Fragestellungen und praktische Probleme, in: Jahrbuch für Friedens- und Konfliktforschung, Bd. 2, 1972, S. 10–22.
[63] Vgl. zur Begründung die Beiträge von Herman Schmid, Johan Galtung und Lars Dencik in: Dieter Senghaas (Hrsg.), Kritische Friedensforschung, Frankfurt 1972².

dort, wo mit ihnen eine an herkömmlichen Devisen orientierte Sicherheitspolitik („si vis pacem, para bellum") mit allen Konsequenzen verfolgt wird: in antagonistischen Situationen provoziert solche „Friedenssicherung" Rüstungswettläufe.[64] In innergesellschaftlichen Konfliktformationen vom Typ struktureller Gewalt führt solche „Friedenssicherung" – unter den Vorzeichen von law and order – zur weiteren Repression diskriminierter Sozialschichten oder ganzer Bevölkerungen, wodurch sich diese Konzeption selbst als Herd des Unfriedens erweist.

3. Deshalb ist eine analytisch weiter ausgreifende Konzeption der Friedensförderung zu formulieren, die sich im wesentlichen an drei typischen Konfliktformationen und den in ihnen sich entwickelnden Konflikten orientiert:

a) an Konfliktformationen, in denen eine relative Ebenbürtigkeit der Konfliktparteien zu beobachten ist, d. h. in denen eher symmetrische als asymmetrische Konfliktstrukturen existieren. Ein solcher Fall wäre die inter-kapitalistische Formation, mit erheblichen Einschränkungen, die oben erläutert wurden, auch der kapitalistisch-sozialistische Systemantagonismus zwischen Ost und West.

Die Strategie der Friedensförderung kann in diesem Zusammenhang an zwei Zielen orientiert sein: einmal an Integration, wodurch Konfliktfronten überwölbt werden, und zweitens an Assoziation, wodurch die Infrastruktur von Konfliktfronten verändert wird, Konfliktfronten also unterlaufen werden (Deutschland–Frankreich nach 1950).[65]

Integration und Assoziation können aber nicht als allgemeine formale Handlungsprinzipien, gewissermaßen als friedenspolitische Blankoschecks, in solchen Zusammenhängen schlechthin als Konzeptionen der Friedensförderung gelten. Sie bedürfen

---

[64] Vgl. Dieter Senghaas, Rüstung und Militarismus, Frankfurt 1972, Teil I, sowie den in Anmerkung 28 zitierten Artikel.
[65] Hierzu Eva Senghaas-Knobloch, Frieden durch Integration und Assoziation, Stuttgart 1969, und Johan Galtung, A Theory of Peaceful Cooperation, in: Johan Galtung (Hrsg.), Cooperation in Europe, Assen 1970, S. 9 bis 20.

der Qualifikation im einzelnen. So macht die Existenz der EWG praktisch gewaltsame Konflikte zwischen ihren Hauptmitgliedern unmöglich; ob sie über diese Leistung hinaus friedensfördernde Wirkungen besitzt, könnte nur eine Analyse entscheiden, die ihren Beitrag zur Förderung von sozialer Gerechtigkeit in ihrem Innern und in ihren Außenbeziehungen analysiert.[66]

b) Weiterhin ist eine Konzeption der Friedensförderung an jenen Situationen zu orientieren, in denen die herkömmliche Konzeption der Friedenssicherung sinnvoll ist: wo also die Verhinderung von Gewalt und von weiterer Eskalation von Gewalt einen ersten, wenn auch vorläufigen Schritt zur Lösung von Konflikten darstellt (manche Interventionen von seiten Dritter).

c) Schließlich ist die Konzeption der Friedensförderung auf asymmetrisch strukturierte Konfliktformationen bezogen (Nord-Süd-Konflikt; innergesellschaftliche Formationen vom Typ struktureller Gewalt u. a.). Die Strategie der Friedensförderung zielt hier auf eine Konfliktakzentuierung verschiedener Intensität ab, die zugunsten von Abhängigen und Diskriminierten folgendes anstrebt: die Weckung und Schärfung des Bewußtseins über die eigene Interessenlage; die Artikulation und Organisation der Interessen solcher Gruppen und Staaten – mit dem Ziel, der von der Ausgangssituation her überlegenen Konfliktpartei ein echtes Gegengewicht entgegenzustellen, also Gegenmacht aufzubauen.[67] Polarisierung wird in diesem Zusammenhang nicht als eine beliebige, gleichsam wilde Konfliktschü-

---

[66] Hinsichtlich ihrer Außenbeziehungen hat Johan Galtung jüngst zu Recht auf den imperialistischen Charakter der wachsenden Großmacht EWG hingewiesen. Siehe sein Buch: Kapitalistische Großmacht Europa oder die Gemeinschaft der Konzerne, Reinbek 1973.
Eine Kosten-Nutzenanalyse der EWG, bezogen auf verschiedene Bevölkerungsschichten der Hauptmitgliedsländer, steht leider immer noch aus.
[67] Diesen Stufenprozeß hat Ralf Dahrendorf in seinem Buch: Soziale Klassen und Klassenkonflikt in der industriellen Gesellschaft, Stuttgart 1957, diskutiert (insbes. S. 165 ff.). Siehe insbesondere auch die in der BRD von Theodor Ebert vorgelegten und angeregten Studien, u. a. Gewaltfreier Aufstand. Alternative zum Bürgerkrieg, Frankfurt 1970².

rung verstanden; sie wird vielmehr als eine friedensfördernde Strategie gefordert, um entrechteten, diskriminierten, ausgebeuteten und in Abhängigkeit gehaltenen Bevölkerungen und Staaten durch die selbsttätige Organisation ihrer eigenen Interessen eine sowohl bewußtseinsmäßig, als auch organisatorisch fundierte Basis zu schaffen, von der her sie mit Aussicht auf Erfolg versuchen können, aus jener diskriminierenden sozialen Rolle auszubrechen, die ihnen innerhalb gegebener Gesellschaftsstrukturen zudiktiert ist.

Daraus ergibt sich, daß auch Revolutionen, die eine Überwindung von sozialer Ungerechtigkeit anstreben, weil andere Wege gesellschaftlichen Wandels nicht offen stehen, der Konzeption von Friedensförderung zu subsumieren sind.[68] Daß eine solche Überlegung in den Breitengraden hochindustrialisierter Staaten heute wenig populär ist, erklärt sich ohne Schwierigkeit aus der privilegierten Situation, die diese Staatengruppe innerhalb der internationalen Gesellschaft einnimmt. Dies ändert nichts an der sozialen Wirklichkeit der meisten Menschen, die diese Erde bewohnen und von deren Schicksal und Leiden her solche Überlegungen motiviert werden.[69]

Man mag über eine solche Konzeptualisierung von Friedensförderung im einzelnen streiten. Jeder konkrete Fall, auf den diese Konzeption bezogen wird, dürfte unausweichlich zu politischen Auseinandersetzungen führen, denn Friedensförderung ist eine zwar wissenschaftlich ausweisbare, doch auch politische Konzeption, deren Stoßrichtung durch definitorische und semantische Bestimmungen nicht zu entpolitisieren ist. Die entscheidende Frage, die immer zu stellen sein wird, lautet: Fördert eine konkrete Praxis und die sie motivierende oder im einzelnen anleitende Analyse soziale Gerechtigkeit für die Betroffenen

---

[68] Lars Dencik, Plädoyer für eine revolutionäre Konfliktforschung, in: Dieter Senghaas (Hrsg.), Kritische Friedensforschung, Frankfurt 1972², S. 247 bis 270, sowie jetzt auch Johan Galtung, Eine strukturelle Theorie der Revolution, in: Martin Jänicke (Hrsg.), Herrschaft und Krise, Köln 1973, S. 121–167.
[69] Die zunehmende Selbstäußerung auch von etablierten Institutionen in der Dritten Welt wie den lokalen und regionalen Kirchen, Wissenschaftsorganisationen und dgl. spricht für sich.

oder nicht? Die Frage weist in allgemeine gesellschaftstheoretische und moralphilosophische Dimensionen; sie läßt sich akademisch annäherungsweise klären, aber nur praktisch lösen, was Friedens- und Konfliktforschung zu einer unakademischen und dennoch wissenschaftlich seriösen Disziplin macht, deren Ideen sich u. a. zu Interessen verdichten sollen. Deshalb stellt sie für viele ein Ärgernis dar, was sie angesichts der Lage der Welt auch sein muß.

IV. *Abschließende Anmerkungen zur Grundlegung einer strukturellen Theorie der internationalen Gesellschaft*

In den vorangehenden Überlegungen wurden einige systematische Aussagen über die heutige internationale Gesellschaft und ihre historische Entwicklung zu formulieren versucht. So verkürzt eine solche Analyse im Rahmen einer derartigen Studie sein muß, so wurde doch mehr als nur ein erster Überblick angestrebt. Bewußt war von Konfliktformationen die Rede, weil dieser Begriff sich eignet, allgemeine und doch sehr konkrete Strukturen der internationalen Gesellschaft zu bezeichnen.

Um allgemeine Strukturen handelt es sich bei den von uns im einzelnen analysierten Konfliktformationen, weil in ihnen, von ihnen aus und auf sie bezogen konkrete Konfliktpotentiale entstehen, aus denen ihrerseits spezifische Konflikte sich entwickeln. So stellt das, was man gewöhnlich in unseren Breitengraden den Ost-West-Konflikt bezeichnet, seit 1917 die grundlegende Konfliktformation der Gegenwart dar, die aufgrund ihrer politischen, ideologischen, sozio-ökonomischen und nicht zuletzt militärischen Virulenz im eigenen Bereich eine Fülle von konkreten Konfliktpotentialen in sich birgt (z. B. die 20jährige Auseinandersetzung um die Festschreibung des Status quo in Zentraleuropa), beziehungsweise solche Konfliktpotentiale andernorts provoziert (z. B. Nahost-Konfliktpotentiale).[70] Solche,

---

[70] Zu dieser Konfliktformation siehe jetzt auch Bernard Willms, Entwicklung und Revolution. Grundlagen einer dialektischen Theorie der Internatio-

im Rahmen von Konfliktformationen beobachtbaren konkreten Konfliktpotentiale kommen ihrerseits in konkreten Konflikten zum Durchbruch (z. B. Berlin-Krise) und manifestieren sich dann in konkreten Konfliktattitüden und in konkretem Konfliktverhalten.

Eine strukturelle Theorie der internationalen Gesellschaft hat deren Konstitution, wie sie sich historisch-genetisch entwickelt hat, analytisch herauszuarbeiten. Dabei ist methodisch theoretische Reflexion und konkrete Analyse mit dem Ziel der Formulierung einer konkret-allgemeinen Theorie zu vermitteln. Wir betonen bewußt den Vermittlungsprozeß zwischen theoretischer Reflexion, in die selbst schon eine Fülle empirischer Erfahrungen einzugehen hat, will sie nicht in einem schlechten Sinne abstrakt sein, und empirischer Analyse, die ohne theoretische Fundierung empiristisch würde, weil nur die ständige Rückkoppelung zwischen Theorie und Empirie (eine sogenannte „progressiv-regressive" Arbeitsmethode) die Formulierung einer konkret-allgemeinen Theorie fördert.[71]

Da zur wissenschaftlichen Analyse der internationalen Gesellschaft keine eigenständige Methode erforderlich ist, sondern allgemeine sozialwissenschaftliche Methode reflektiert einzusetzen ist, genügt es im folgenden, sechs Arbeitsschritte zu benennen, die jüngst in einem anderen Zusammenhang formuliert worden sind. Dabei ist zu bedenken, daß diese sechs Arbeitsschritte nicht als streng voneinander getrennte begriffen werden können, sondern ihrerseits wiederum eng miteinander rückgekoppelt sind:[72]

---

nalen Politik, Frankfurt 1972, sowie Ekkehart Krippendorff, Das Internationale System zwischen Stabilisierung und Klassenkampf, in: Ekkehart Krippendorff (Hrsg.), Probleme der internationalen Beziehungen, Frankfurt 1972, S. 9–33.

[71] Hierzu jetzt Alfred Schmidt, Geschichte und Struktur. Fragen einer marxistischen Historik, München 1971, sowie zur progressiv-regressiven Methode Jean Paul Sartre, Kritik der dialektischen Vernunft, Bd. I, Theorie der gesellschaftlichen Praxis, Hamburg 1967, Kapitel 1.

[72] Die folgenden sechs Punkte sind zitiert aus Ernest Mandel, Der Spätkapitalismus, Frankfurt 1972, S. 14/15.

1. Umfassende Aneignung des empirischen Stoffes, Bewältigung des Materials (Erscheinungen an der Oberfläche) in seinen historisch-relevanten Details.

2. Analytische Aufgliederung dieses Stoffes in seine konstitutiven abstrakten Elemente (Aufsteigen vom Konkreten zum Abstrakten).

3. Erforschung der entscheidenden Gesamtzusammenhänge zwischen diesen Elementen, die die abstrakten Bewegungsgesetze des Stoffes, sein Wesen, verdeutlichen sollen.

4. Entdeckung der entscheidenden Mittelglieder, die es ermöglichen, die Vermittlung zwischen dem Wesen und den Erscheinungen an der Oberfläche zu verwirklichen (Aufsteigen vom Abstrakten zum Konkreten, gedankliche Reproduktion des Konkreten als Einheit von mannigfaltigen Bestimmungen).

5. Praktisch-empirische Verifizierung der Analyse (2, 3, 4) an der sich abwickelnden konkreten historischen Bewegung.

6. Entdeckung neuer, empirisch-relevanter Daten und neuer Zusammenhänge – oft sogar neuer abstrakt-elementarer Bestimmungen – dank der Anwendung der Ergebnisse der Erkenntnis und der auf ihr beruhenden Praxis auf die unendlich komplexe Wirklichkeit.

Eine derart allmählich aufgebaute konkret-allgemeine Theorie ist zum Verständnis der internationalen Gesellschaft um so mehr erforderlich, als in ihr nicht gewissermaßen idealtypisch reine, in sich abgekapselte sozio-ökonomische Formationen qua Subsysteme (um die Sprache der Systemanalyse hier zu verwenden) koexistieren, sondern weil internationale Gesellschaft vielmehr eine mit Antagonismen durchsetzte, eine widerspruchsvolle Totalität darstellt. Dieser Totalitätscharakter von internationaler Gesellschaft ist insbesondere zu betonen, weil es heute gang und gäbe ist, die internationale Gesellschaft als internationales System mit den es konstituierenden Subsystemen zu interpretieren. Ein solcher Ansatz ist zwar formal möglich, aber wie die Entwicklung der Theorie internationaler Politik und des internationalen Systems in den vergangenen 15 Jahren gezeigt hat, ist er von einer seltenen Sterilität gekennzeichnet.[73] Während der Systembegriff formale Zuordnungen zwischen den die internationale Gesellschaft aufbauenden Subsystemen ermöglicht und typische, gewiß in vieler Hinsicht nicht nutzlose konkrete Forschungen inspiriert (wie beispielsweise Transaktionsstudien und dergleichen), vermochte die herkömmliche Systemanalyse bisher nicht, die Ursachen für die Dynamik der Entwicklung internationaler Gesellschaft zu bezeichnen. Typischerweise unterstellt Systemanalyse oft eher implizit als explizit, daß die Erscheinungen, in denen sich internationale Politik manifestiert, über Zeit ungeachtet des Entwicklungsstandes der internationalen Gesellschaft und ungeachtet ihrer konkreten Konfliktformationen ein und dieselben sind, d. h. letztlich auf allgemeine Kategorien wie Machtpolitik und dergleichen zurückgeführt werden können. So muß notwendigerweise internationale Politik als die Wiederkehr des immer Gleichen erscheinen, was sie nachweisbar nicht ist.

Begreift man die internationale Gesellschaft und ihre Entwicklung als eine widerspruchsvolle Totalität, nicht weil man diesen Ansatz selbst als einen beliebigen und willkürlich austauschbaren setzt, sondern weil auch schon eine anfängliche Untersuchung der internationalen Gesellschaft in den vergangenen Jahrzehnten (und Jahrhunderten) diese nur als solche zu begreifen vermag, dann stellt sich um so mehr das analytische Desiderat ein, jene Ursachen für die Entwicklungsdynamik von internationaler Gesellschaft im einzelnen herauszuarbeiten. In dieser Hinsicht stellen die etablierten Disziplinen Internationale Politik und Internationale Beziehungen, so wie sie sich in den vergangenen 20 Jahren im Westen herausgebildet haben, und so wie sie sich heute allmählich auch in sozialistischen Ländern etablieren, keine besondere Hilfe dar. Denn weder in dieser Disziplin noch in der Friedens- und Konfliktforschung wurden bisher die internationale Gesellschaft und die Weltwirtschaft als eine Totalität von Produktionsverhältnissen und entsprechenden Austausch-

---

[73] Ich verzichte hier auf eine eingehende Begründung, da es mir wichtiger erscheint, an einem produktiven Neuanfang zu arbeiten, als Unzulängliches noch einmal zu kritisieren.

verhältnissen im internationalen Ausmaß definiert.[74] Wenn überhaupt, dann waren noch im Blickwinkel dieser Disziplinen die Analyse von Austauschverhältnissen, meist in einer deskriptiv-statistischen Absicht, oder Fragestellungen der konventionellen Ökonomie (Theorem komparativer Kosten und dergleichen). In Wirklichkeit wird die internationale Gesellschaft (und damit auch die Weltwirtschaft) von einer „gestaffelten Struktur von Produktivitätsgefällen, als das Produkt einer ungleichen und kombinierten Entwicklung von Staaten, Gebieten, Industriezweigen und Firmen"[75] getragen. „Es handelt sich um eine integrierte Einheit, aber eine integrierte Einheit nichthomogener Teile, wobei gerade die Einheit die fehlende Homogenität bedingt."[76]

Wir können in diesem Zusammenhang nur apodiktisch darauf hinweisen, daß die politische Ökonomie internationaler Gesellschaft zum Fokus einer strukturellen Theorie dieser Gesellschaft werden wird. Die Struktur, die Dynamik, die Ausmaße und die Verteilungsmuster von Akkumulation im Weltmaßstab, den Begriff im Sinne der Kritik politischer Ökonomie begriffen, wird Ausgangspunkt der theoretischen Reflexion und der empirischen Analyse sein. Nur von dieser Fragestellung aus wird es z. B. möglich werden, den wechselvollen Status einzelner Gesellschaften und ihrer Verbindung zu anderen, d. h. Prozesse der Metropolisierung und der Peripherisierung über Zeit analytisch zu begreifen, eine Fragestellung, die sich insbesondere auf die sukzessive Entwicklung neuer Metropolen und das Herabsinken alter Metropolen zu Peripherien verschiedenen Grades bezieht, natürlich auch auf jene Peripherien, die niemals eine Metropolenstellung hatten, also immer schon qua Kolonien und Halbkolonien peripherisiert waren. Auch wird es nur von einer derartigen analytischen Perspektive aus möglich, die Gleichzeitigkeit von sozio-ökonomischen Formationen ungleichen Entwicklungsniveaus als ungleiche und doch aufeinander bezogene, d. h.

---

[74] Eine erste derartige Definition und weitsichtige Analyse ist Nikolai Bucharin, Imperialismus und Weltwirtschaft, Wien 1929.
[75] Ernest Mandel, Der Spätkapitalismus, Frankfurt 1972, S. 96.
[76] Ebd.

kombinierte Formationen zu begreifen. Und schließlich wird es möglich sein, konkret die Ausbeutungsmechanismen auf Weltebene zu erfassen.[77]

Da eine solche Analyse ohne Reflexion auf die historische Entwicklung undenkbar ist, historische Reflexion also ein konstitutiver Teil theoretischer Analyse darstellt und nicht einfach hinzugefügt oder weggelassen werden kann, besteht von vornherein in einem solchen Ansatz nicht die Gefahr, in abstrakt-allgemeine Theorie abzugleiten. Ernest Mandel hat jüngst diesen Ansatz korrekt umschrieben, insofern er sich auf die Entwicklung des kapitalistisch dominierten Weltwirtschaftssystems vor 1917 und des kapitalistischen Teils des Weltsystems nach 1917 bezieht:

„Obschon das kapitalistische Weltsystem ein integriertes und gestaffeltes Ganzes von Entwicklung und Unterentwicklung auf internationalem, regionalem und sektoriellem Gebiet ist, so liegt doch in verschiedenen Epochen der Hauptnachdruck auf verschiedenen Formen dieser verzweigten ungleichen und kombinierten Entwicklung. Im Zeitalter des Kapitalismus der freien Konkurrenz liegt das Hauptgewicht auf dem Nebeneinander von regionaler Entwicklung und Unterentwicklung innerhalb der sich industrialisierenden Länder selbst; im Zeitalter des klassischen Imperialismus auf dem Nebeneinander internationaler Entwicklung – in den imperialistischen Staaten – und Unterentwicklung (in den kolonialen und halbkolonialen Ländern), und im Zeitalter des Spätkapitalismus auf dem Nebeneinander von Entwicklung und Unterentwicklung von Wachstumszweigen und unterentwickelten Zweigen der Industrie überhaupt – in den imperialistischen Ländern, aber auch sekundär in den Halbkolonien."[78]

---

[77] Siehe vor allem Samir Amin, L'accumulation à l'échelle mondiale, Paris 1971², sowie George Novack, Uneven and Combined Development in History, New York 1966, sowie die beiden jüngsten Arbeiten von Theotonio dos Santos, Contradicciones del imperialismo contemporáneo, in: Sociedad y Desarrollo, Heft 1, 1972, S. 9–34, sowie Vania Bambirra, Integracíon monopolica mundial e industrializacíon: sus contradicciones, in: Sociedad y Desarrollo, Heft 1, 1972, S. 53–80.
[78] Ernest Mandel, Der Spätkapitalismus, Frankfurt 1972, S. 96.

Eine Substantiierung dieses Ansatzes mit Hilfe einer Weiterführung wichtiger erster Arbeiten auf diesem Gebiet[79] sowie eine Erweiterung der bisherigen Analyse auf die internationale Gesellschaft insgesamt, ergänzt also durch eine nicht nur marginale Berücksichtigung der sozialistischen Länder im Rahmen einer Analyse internationaler Produktionsverhältnisse und der ihnen entsprechenden Austauschverhältnisse, wird, so ist zu hoffen, die Theorie internationaler Gesellschaft in den kommenden Jahren ein wesentliches Stück weiter bringen und aus der Sterilität, in die sie sich in den vergangenen zehn Jahren hineinmanövriert hat, befreien. Sie erst wird Aussagen nicht nur über die Dynamik einzelner Konflikte ermöglichen (worüber heute schon manches auszumachen ist), sondern solche über die Entwicklungsdynamik ganzer Konfliktformationen auf Weltebene.[80]

---

[79] Deren wichtigste ich in dieser Studie zitiert habe.
[80] Insofern entspricht, wie der Leser leicht bemerkt haben wird, die vorliegende Studie nicht dem, was ich als eine konkret-abstrakte Theorie internationaler Gesellschaft anstrebe, wenn sie auch einzelne Elemente für eine solche Theorie enthält. Der wesentliche Grund hierfür liegt darin, daß diese Studie zwar einige Überlegungen zur Dynamik von Konfliktformationen auf Weltebene enthält, jedoch kaum Aussagen über die Ursachen solcher Dynamik. Für den Autor stellt diese Studie deshalb eine Selbstverständigung an der Schwelle einer längerfristigen und intensiveren Beschäftigung mit Produktionsverhältnissen und den ihnen zugeordneten Austauschverhältnissen im internationalen Ausmaß dar, um das schließlich zu leisten, was in diesem letzten Teil der Studie nur skizzenhaft umschrieben werden konnte.

Witalij Shurkin

Internationale Konflikte und Krisen
Wege zu ihrer Verhinderung und Regelung

In der heutigen Welt existiert eine außerordentliche Vielfalt an internationalen Konflikten, die sich voneinander durch ihre Ursachen, ihre Größe und Intensität, ihre Lösbarkeit usw. unterscheiden. Eine wichtige Aufgabe der Wissenschaftler ist, diese eigenartigen Erscheinungen des internationalen Lebens möglichst eingehend zu systematisieren und zu analysieren. Dabei ist es wohl notwendig, ein System der Prioritäten herauszuarbeiten, jene Gruppe von Konflikten und Krisen deutlich abzugrenzen, die in erster Linie zu untersuchen sind.
Welches Kriterium eignet sich dazu am besten? Das Kriterium scheint zu sein, in welchem Maße der jeweilige Konflikt oder die jeweilige Krise den Weltfrieden bedrohen. Deshalb wäre die Aufmerksamkeit (insbesondere auf einem solchen Symposium wie diesem, wo sich Wissenschaftler versammelt haben, die verschiedene sozial-ökonomische Systeme vertreten) auf das wichtigste zu konzentrieren: auf größere internationale Konflikte, die die Tendenz aufweisen, sich zu akuten international-politischen Krisen zu entwickeln, die den Frieden in bedeutenden Weltgebieten oder gar in der ganzen Welt bedrohen können.

1. Natur der heutigen internationalen Konflikte

Internationale Konflikte als Ergebnis einer schroffen, explosionsartigen Zuspitzung der Widersprüche, die zum Zusammenstoß von Staaten führt, bestehen genau so lange wie das System der internationalen Beziehungen selbst; sie waren immer sein wichtiges Element. Die internationalen politischen Krisen, d. h. die für die Friedenszeit besonders zugespitzten Entwicklungsformen der Konflikte und der Verschärfung der Widersprüche,

waren wiederholt ein Vorspiel zu Kriegen, so im 20. Jahrhundert zum Ersten und Zweiten Weltkrieg.
Historisch gesehen, spitzten sich die internationalen Konflikte besonders zu, wenn sie im Verlauf des Kampfes der Staaten einer überholten sozial-ökonomischen Formation gegen Länder einer neuen Formation entstanden, d. h. im Zuge des Klassenkampfes auf der internationalen Arena. Die Menschheit erlebt heute eine solche Periode. Zum Unterschied von früheren epochalen Wendepunkten in internationalen Beziehungen, als Staaten vom Ausbeutertyp kollidierten, wächst die Gefahr solcher Konflikte in unserer Epoche stark.
Hauptinitiator der internationalen Konflikte und der im Zuge ihrer Entwicklung entstehenden Krisen des 20. Jahrhunderts ist der Imperialismus. Er bewirkte alle bedeutenden Konflikte und Krisen, die zu Kriegen führen oder die Kriegsgefahr einschneidend verstärken. Obwohl die Natur der Konflikte in verschiedenen Perioden unverändert blieb, änderten viele ihrer Merkmale sich wesentlich. In der Zeit vor dem Ersten Weltkrieg waren ihre Hauptursache Widersprüche zwischen den Imperialisten, der Kampf um die Neuaufteilung der Welt, um Absatzmärkte und Rohstoffquellen. Nach dem Ersten Weltkrieg wurden immer mehr Konflikte durch den Kampf des Imperialismus gegen den ersten sozialistischen Staat und die weltumfassende revolutionäre Bewegung verursacht. Nach dem Zweiten Weltkrieg wurde die aggressive Politik des Imperialismus, die gegen die revolutionären Kräfte der Gegenwart, vor allem gegen die Sowjetunion und die ganze sozialistische Gemeinschaft gerichtet ist, Hauptquelle internationaler Konflikte.
Unter heutigen Bedingungen sind jedoch die Möglichkeiten des Imperialismus in dieser Hinsicht beschränkt durch die Macht der ihm gegenüberstehenden antiimperialistischen Kräfte, durch ihre ökonomischen, politischen, militärischen und ideologischen Potenzen, durch den Charakter und den Zustand der Widersprüche zwischen den Imperialisten, durch die Stellung der neutralistischen Kräfte, die an Konflikten direkt nicht teilnehmen. Der wichtigste dieser Faktoren ist die Kraft des sozialistischen Systems, der nationalen Befreiungsbewegungen und der

anderen revolutionären Gruppen, die dem Imperialismus gegenüberstehen.
Die ständige Einengung der Möglichkeiten der aggressiven Kräfte, akute internationale Kollisionen auszulösen, ist die Haupttendenz in der Entwicklung der internationalen Konflikte in unserer Zeit. Sie verlief nach dem Zweiten Weltkrieg in mehreren Etappen. Zunächst schwand die reale Möglichkeit, einen allgemeinen Krieg zu entfesseln oder die Völker mit der Gefahr eines solchen Krieges einzuschüchtern, weil bei dem neuen Kräfteverhältnis in der Welt die Entfesselung eines allgemeinen Krieges für den Aggressor einem Selbstmord gleichkäme (allerdings sind Rückfälle in eine solche Haltung immer noch nicht ganz überwunden und werden vom militärisch-industriellen Komplex manchmal aktiviert). Sodann offenbarte sich die Aussichtslosigkeit der lokalen Kriege, die die Aggressoren für sich verhältnismäßig schmerzlos führen und bei denen sie sich mit ihren strategischen Streitkräften schützen wollten. Es stellte sich heraus, daß lokale Aggressionsakte entweder mit einer Niederlage des Aggressors enden oder ihm zumindest nicht die erwünschten Ergebnisse bringen und dabei zu unvermeidlichen menschlichen, materiellen und moralischen Verlusten und zu einem Schaden führen, der in der Regel mit den erhofften Ergebnissen gar nicht zu vergleichen ist. Eine überzeugende Bestätigung dafür ist der ganze Verlauf der Aggression der USA in Vietnam.
In den siebziger Jahren beginnt nun eine neue Etappe. Sie äußert sich vor allem in den Besonderheiten des jetzigen globalen Kräfteverhältnisses, im Charakter jener Gefahr für die Welt, die große internationale (zwischenstaatliche) Konflikte und Krisen heute darstellen, und schließlich darin, daß inzwischen reale Möglichkeiten entstanden sind und an Gewicht gewinnen, diese gefährlichen Erscheinungen aus dem internationalen Leben zu entfernen.

2. Internationale Widersprüche und internationale Konflikte

Wie bereits erwähnt, sind internationale Konflikte das Ergebnis einer schroffen Zuspitzung der Widersprüche auf internationaler Ebene. Vom Charakter dieser Widersprüche hängen Tiefe, Stärke und Dauer der von ihnen bewirkten internationalen Konflikte in erster Linie ab.

Man kann mehrere Hauptgruppen zwischenstaatlicher Widersprüche hervorheben, die den internationalen Beziehungen der Gegenwart immanent eigen sind. Erstens ist es der Grundwiderspruch unserer Epoche – der Widerspruch zwischen dem Sozialismus und dem Kapitalismus. Weiter ist ein so wichtiger Komplex wie die Widersprüche zwischen dem Imperialismus und der nationalen Befreiungsbewegung zu nennen. Als weitere Konfliktquellen dienen drei Gruppen von Widersprüchen: a) Widersprüche zwischen den imperialistischen Mächten, b) Widersprüche zwischen dem Imperialismus und den Entwicklungsländern und c) Widersprüche zwischen den Ländern der „Dritten Welt". Soweit die Hauptgruppen der Widersprüche, die traditionsgemäß die meisten heutigen internationalen Konflikte verursachen. Gerade die sozio-politische Klassennatur und der Inhalt des Konflikts bestimmen somit die Typologie der internationalen Konflikte der Gegenwart.

In außerordentlichen Fällen können internationale Konflikte aus der Tätigkeit der chauvinistischen und der nationalistischen Kräfte resultieren, die die Macht in einem Land ergriffen haben, das den Sozialismus aufbaut, wie es z. B. in China der Fall ist. Sie deformieren die Klassennatur und die Ziele der Außenpolitik und beginnen sogar Konflikte mit anderen sozialistischen Ländern. Eine solche Entwicklung ist jedoch für die sozialistische Außenpolitik nicht typisch. Deshalb darf man auch solche Konflikte nicht zu irgendeinem besonderen Typ zählen. Jeder solcher Konflikte ist ein Ausnahmefall und verlangt nicht eine typologische, sondern eine besondere, konkrete Analyse.

Wie mannigfaltig die Typen der gegenwärtigen internationalen Konflikte auch sein mögen, die gefährlichsten dieser Konflikte in der Nachkriegszeit wurden durch die Politik des Imperialismus verursacht, die sich gegen die Länder des sozialistischen Systems richtet.

In diesem Zusammenhang erhebt sich die Frage: Wie realistisch ist der Gedanke der Beseitigung der größten internationalen Konflikte aus dem Leben der Menschheit? Denn der Widerspruch zwischen dem Sozialismus und dem Kapitalismus bleibt nach wie vor der Grundwiderspruch unserer Epoche. Das ist unbestreitbar. Für uns Marxisten ist es jedoch keineswegs gleichgültig, in welchen Formen dieser Widerspruch zum Ausdruck kommt, in welchen Formen der unvermeidliche Klassenkampf auf der internationalen Arena erfolgt. In Form schwerer Konflikte und Krisen, in Form von Kriegen, in Form eines an den Völkern zehrenden Wettrüstens? Oder in Form der friedlichen Koexistenz, wenn der ideologische Kampf zweier Systeme, ihr Wettbewerb auf verschiedenen Gebieten mit einer vielseitigen Zusammenarbeit verknüpft wird und die unvermeidlichen Differenzen nicht durch Gewaltanwendung, die zu internationalen Konflikten führt, sondern durch Verhandlungen beigelegt werden?

Seit den ersten Tagen der Existenz unseres Staates wurde – und das muß betont werden – unseren Beziehungen mit den kapitalistischen Ländern das Prinzip der friedlichen Koexistenz zugrundegelegt.

Die Sowjetunion betrachtete das Prinzip der friedlichen Koexistenz nie als einen taktischen Trick, als einen „schlauen Kniff der Kommunisten", dessen Ziel es wäre, die Wachsamkeit des Gegners einzuschläfern, um Kräfte zu sammeln und dann mit Waffengewalt über den mit den Gesprächen über Frieden und friedliche Koexistenz eingelullten Westen herzufallen. Diese Gedankengänge sind das Hauptargument jener, die die öffentliche Meinung der Welt mit dem Mythos der „sowjetischen Gefahr" einschüchtern möchten.

Diese Frage ist wichtig genug, um eingehender analysiert zu werden. „Bedroht" also der Kommunismus den Kapitalismus? Im weitesten historischen Sinne dieses Wortes ohne Zweifel ja. Worin besteht diese Gefahr? Nach den Überzeugungen der

Kommunisten, nach ihrer marxistisch-leninistischen Ideologie liegt die Gefahr nicht in den militärischen und politischen Aktionen der Länder, in denen die Kommunisten regieren, sondern in den Mängeln der ökonomischen und sozialen Ordnung, die in den kapitalistischen Ländern besteht, in ihrer Unfähigkeit, Probleme zu lösen, die von der Geschichte hervorgebracht werden. Nach der Überzeugung der Kommunisten werden daher die Völker aller Länder früher oder später diese Ordnung selber ändern und die eine oder andere Form des Sozialismus wählen.

Ist aber ein solcher Glaube gleichbedeutend mit der berüchtigten „sowjetischen Gefahr", die zu einem Vorwand für die Entfachung des „Kalten Krieges" und für das beispiellose Wettrüsten in der Geschichte geworden ist? Selbstverständlich nicht. Sowohl die marxistisch-leninistische Ideologie als auch die mehr als fünfzigjährige Geschichte der UdSSR beweisen, daß wir immer schon die Idee eines „Exports der Revolution", die Idee eines militärischen Kreuzzuges gegen den Kapitalismus kategorisch abgelehnt haben. Um den revolutionären Prozeß zu beschleunigen, haben die sozialistischen Länder eine andere zuverlässigere Methode: in der Praxis die Überlegenheit der neuen Gesellschaft auf allen Lebensgebieten zu beweisen. Der Frieden und die umfassende internationale Zusammenarbeit stören das nicht, sondern schaffen dafür besonders günstige Bedingungen.

Die friedliche Zusammenarbeit ist somit eine prinzipienfeste Politik und nicht der Trick der Schwachen, um Zeit zu gewinnen. Der beste Beweis dafür ist die heutige Wirklichkeit. Noch nie war die militärische, ökonomische und politische Stärke der Sowjetunion so groß wie heute. Und noch nie war ihre friedliebende Außenpolitik so aktiv. Die Politik der friedlichen Koexistenz wurde von der Sowjetunion unter verschiedenen historischen Bedingungen betrieben. In dieser Hinsicht kann man über die Entwicklung der Konzeption der friedlichen Koexistenz sprechen, über die Entwicklung, die den Änderungen der realen Wirklichkeit folgte.

Unter den Bedingungen, da die junge Sowjetrepublik von Feinden umgeben und gezwungen war, deren ununterbrochene Angriffe abzuwehren, mußten die Bolschewiki – trotz ihres Strebens nach Frieden unter den Völkern – damit beginnen, in einem schweren Krieg die Errungenschaften der Revolution zu verteidigen. Sie erreichten eine – wenn auch nicht sehr lange – Friedensperiode. Solange die Unvermeidlichkeit des Krieges bestand und es in der Welt keine realen Kräfte gab, die ihn verhindern konnten, mußte in Kauf genommen werden, daß die imperialistischen Kräfte jeden militärischen Konflikt dazu benutzen würden, um dem Sowjetstaat den Krieg aufzuhalsen. Deshalb kam jahrelang die Politik der friedlichen Koexistenz konkret im Kampf dafür zum Ausdruck, die Friedensperiode möglichst zu verlängern.

Erst nachdem in der Welt ein neues Kräfteverhältnis entstanden war und sich reale Möglichkeiten boten, die imperialistischen Kriegsbrandstifter zu zügeln, konnte man den Schluß ziehen, daß der Weltkrieg nicht mehr unvermeidlich ist. Somit wurde die Frage der friedlichen Koexistenz auf neue Weise aufgeworfen. Der Inhalt dieses Prinzips wurde umfassender; es sieht heute vor, Kriege aus den Beziehungen zwischen den Staaten, die zu entgegengesetzten sozial-ökonomischen Systemen gehören, überhaupt auszuschließen. Mehr noch: die friedliche Koexistenz sieht heute nicht nur ein Ausbleiben von Kriegen, sondern auch eine tiefgreifende Sanierung der gesamten internationalen Lage, die Entwicklung einer allseitigen, gegenseitig vorteilhaften Zusammenarbeit von Staaten vor, die verschiedenen sozialen Systemen angehören.

Die Politik der sozialistischen Länder, die sich an das Prinzip der friedlichen Koexistenz halten, ist daher eine durchaus reale Basis für die Entwicklung einer internationalen Lage, in der große internationale Konflikte und Krisen, die den Weltfrieden bedrohen, ausgeschlossen wären.

3. Internationale Konflikte und internationale politische Krisen

Die infolge der Entwicklung großer internationaler Konflikte entstehenden Krisen in der internationalen Politik, die internationalen politischen Krisen, sind in den siebziger Jahren eine besonders schwere Form der realen Konfrontation der Hauptmächte zweier entgegengesetzter sozial-ökonomischer Systeme. Die internationalen politischen Krisen waren in der Vergangenheit immer ein Vorspiel zu großen Kriegen, auch zu den Weltkriegen. Der Aggressor besaß und benutzte damals alle möglichen Methoden, um große Kriege auszulösen. Gegenwärtig sind solche Krisen zum (vielleicht einzigen) Hauptweg geworden, auf dem das Abrutschen zu einem weltumfassenden Raketen- und Kernwaffenkonflikt erfolgen kann. Die Möglichkeit anderer Wege ist weniger wahrscheinlich geworden. Das gilt vor allem für die Möglichkeit, einen Raketen- und Kernwaffenüberfall im voraus zu planen, der dem Aggressor mit Vernichtung droht, sowie auch für die Möglichkeit, daß der Nuklearkrieg zufällig ausbricht oder als Folge einer Provokation, die von einer dritten Seite organisiert ist. Doch ist diese Gefahr noch nicht völlig beseitigt. Viel wahrscheinlicher bleibt jedoch die Gefahr des Abrutschens an den Rand des allgemeinen Krieges infolge der Versuche des Aggressors, sich für seine Mißerfolge zu revanchieren und das Ausmaß des Konflikts zu vergrößern.

Die den gegenwärtigen internationalen Krisen innewohnende Kriegsgefahr wird durch eine Reihe von Umständen verstärkt, vor allem durch das Vorhandensein und die ununterbrochene Vervollkommnung der Raketen- und Kernwaffen.

In den letzten zehn Jahren zeichnete sich eine Tendenz zur Verhärtung des Charakters der internationalen Konflikte ab. Sie nehmen einen längeren, schmerzhafteren und gefährlicheren Charakter als früher an. Infolge von Änderungen im Weltkräfteverhältnis, die die Gefahr eines im voraus geplanten globalen Konflikts verringern, senkt sich in den letzten Jahren bis zu einem gewissen Punkt der „Grad der Unlösbarkeit" der globalen internationalen Probleme (z. B. Rüstungsbeschränkungen). Zugleich steigt etwas der „Grad der Unlösbarkeit" der regionalen Konflikte, besonders durch die Spekulation der aggressiven Kräfte auf die durchaus begründeten Bestrebungen der Völker, die weltumfassende thermonukleare Katastrophe zu vermeiden, und durch die damit zusammenhängenden Hoffnungen der imperialistischen Kräfte, sie hätten bei der Vorbereitung und Ausführung von aggressiven Aktionen freie Hand.

Gegenwärtig gewinnen die internationalen politischen Krisen sehr schnell (fast augenblicklich) einen allgemeinen Charakter, beziehen direkt oder indirekt die größten Staaten der Welt und alle militärischen Koalitionen ein. Diese Reichweite der gegenwärtigen Krisen ist bedingt vor allem durch die Folgen der wissenschaftlich-technischen Revolution, die zur Schaffung eines globalen Systems von Kommunikationsmitteln und Massenmedien sowie zu kriegstechnischen Mitteln geführt hat, die es gestatten, in früher unvorstellbar kurzer Frist Kräfte im Krisenraum zu konzentrieren. In einem hohen Maße wird das auch durch die Teilung der Welt in entgegengesetzte militärische Blöcke gefördert, die eine Folge der Nachkriegspolitik der imperialistischen Mächte war.

Man muß betonen, daß eine bedeutende zusätzliche Gefahr das den gegenwärtigen internationalen Konflikten, besonders den internationalen politischen Krisen, innewohnende „unkontrollierbare Element" darstellt, d. h. eine Summe von Faktoren, die es den jeweiligen Kräften ermöglichen, Situationen zu schaffen, die den Konflikt zuspitzen und Großmächte zu aktiveren Aktionen ermuntern. Mit anderen Worten: es geht um die Fähigkeit der aggressiven Kräfte in mittleren und sogar kleineren kapitalistischen Ländern, die zwar im Rahmen der allgemeinen Abhängigkeit von den imperialistischen Hauptmächten bleiben, doch auch einige selbständige Aktionen unternehmen, die den Verlauf der Krise einschneidend verschlechtern und in einzelnen Fällen diese Staaten auf den Weg gefährlicherer Aktionen (im Vergleich zu den ursprünglich geplanten) treiben können.

Der Schaden, den die internationalen Konflikte und Krisen der allgemeinen Lage und dem internationalen Klima in der Welt zufügen, beschränkt sich nicht auf die Hauptgefahr, die ihnen innewohnt: die Kriegsgefahr. Sie führen nämlich zu einer Verstärkung der internationalen Spannungen, zum Wiederaufflammen des „Kalten Krieges", können die Beziehungen zwischen den Großmächten für lange Zeit belasten. Sie können das Wettrüsten anheizen. Das gilt sowohl für herkömmliche Waffen, die bei lokalen Kriegskonflikten eingesetzt werden, als auch für die strategischen Waffen. Die internationalen Konflikte und Krisen führen schließlich zum Bruch der internationalen Wirtschaftsverbindungen, zu Erschütterungen im System der internationalen Wirtschaftsbeziehungen.

Eine Besonderheit der heutigen Lage besteht darin, daß die aggressiven Kräfte, die die internationalen Konflikte und Krisen bewirken, diese gefährlichen Folgen ihrer kurzsichtigen Politik nicht vermeiden können.

Eine schwere Strafe für den Aggressor (materiell, politisch und moralisch), die Aussichtslosigkeit der interventionistischen Aktionen und schließlich jene Gefahr, die die internationalen Konflikte und Krisen für die Sicherheit ihrer Initiatoren darstellen, werden dort nach und nach als gesetzmäßige Züge der heutigen „Krisenpolitik" aufgefaßt.

Das Streben nach einem realistischen Herangehen an die internationalen Konflikte und Krisen, an die Suche nach positiven Lösungen äußert sich in der Politik der einflußreichen Kräfte im Westen. Dieses Streben ist in den letzten Jahren intensiviert worden. Im Verein mit den Änderungen im Kräfteverhältnis und in der Kräfteverteilung in der Welt gibt das die Möglichkeit, von einer Verbesserung der Bedingungen für die Liquidierung der bestehenden und für die Verhinderung der potentiellen internationalen politischen Krisen zu sprechen. Die Entstehung von objektiven Bedingungen bedeutet natürlich nicht eine automatische Beseitigung der Konflikte aus dem internationalen Leben. Um eine Krise zu liquidieren und einen Konflikt beizulegen, sind die gemeinsamen Anstrengungen aller Gegner der Zuspitzung der internationalen Lage, ist der aktive Widerstand gegen die Aktionen der aggressiven Kräfte, ihre Durchkreuzung nötig. Die Schaffung von objektiven Bedingungen ist jedoch eine Grundlage für die erfolgreiche Entfaltung solcher Aktionen.

4. Verhinderung und Beilegung internationaler Konflikte und Krisen

Der Hauptweg zur Überwindung der internationalen Konflikte und Krisen ist eine entscheidende Sanierung der internationalen Lage, die Schaffung von Bedingungen, die ihre Entstehung verhindern. Das erfordert selbstverständlich beharrliche und ständige Anstrengungen aller Kräfte, die eine Milderung der internationalen Spannungen bewirken wollen.

Die Sowjetunion hat ihr Programm zur Beilegung der internationalen Spannungen ausführlich formuliert. Es ist in dem vom XXIV. Parteitag der KPdSU beschlossene Friedensprogramm dargelegt. Ich möchte seine Hauptelemente zitieren:

Erstens:
Liquidierung der Kriegsherde in Südostasien und im Nahen Osten sowie die Förderung einer politischen Regelung in diesen Gebieten auf der Basis der Achtung der Rechte der Staaten und Völker, die einer Aggression ausgesetzt sind;
– die sofortige und entschiedene Abfuhr gegenüber allen Aggressionsakten und internationaler Willkür. Zu diesem Zweck müssen auch in vollem Umfang die Möglichkeiten der Organisation der Vereinten Nationen genutzt werden;
– der Verzicht auf Gewaltanwendung und auf Androhung von Gewaltanwendung zur Lösung von Streitfragen muß ein Gesetz des internationalen Lebens werden. Die Sowjetunion schlägt ihrerseits den Staaten vor, die sich mit einem solchen Vorgehen einverstanden erklären, entsprechende bilaterale oder regionale Verträge abzuschließen.

Zweitens:
– auszugehen von der endgültigen Anerkennung der im Ergebnis des Zweiten Weltkrieges entstandenen territorialen Veränderungen in Europa. Eine grundlegende Wende zu Entspannung und Frieden auf diesem Kontinent zu vollziehen. Die Einberufung und den Erfolg einer gesamteuropäischen Konferenz zu gewährleisten;
– alles Notwendige für die Gewährleistung der kollektiven

Sicherheit in Europa zu tun. Wir unterstützen die gemeinsam von den Mitgliedsländern des Warschauer Verteidigungsvertrages ausgedrückte Bereitschaft zur gleichzeitigen Annullierung dieses Vertrages und des Nordatlantikpaktes oder, als ersten Schritt, zur Liquidierung ihrer militärischen Organisationen.

Drittens:
— den Abschluß von Verträgen, die Kern-, chemische und bakteriologische Waffen verbieten;
— zu erreichen, daß überall und von allen die Erprobungen von Kernwaffen, einschließlich der unterirdischen, eingestellt werden;
— die Schaffung von kernwaffenfreien Zonen in verschiedenen Gebieten der Welt zu fördern;
— wir sind für die Kernwaffenabrüstung aller Staaten, die im Besitz von Kernwaffen sind, und für die Einberufung einer Konferenz der fünf Atommächte — UdSSR, USA, VR China, Frankreich und Großbritannien — zu diesem Zweck.

Viertens:
— die Aktivierung des Kampfes um die Einstellung des Wettrüstens aller Art. Wir sprechen uns für die Einberufung einer Weltkonferenz zur Erörterung der Abrüstungsprobleme in ihrem ganzen Umfang aus;
— wir sind für die Auflösung der ausländischen Militärbasen. Wir treten für die Reduzierung der Streitkräfte und der Rüstung in den Gebieten ein, in denen militärische Konfrontationen besonders gefährlich sind, vor allem in Mitteleuropa;
— wir halten die Ausarbeitung von Maßnahmen für zweckmäßig, die die Wahrscheinlichkeit eines zufälligen Entstehens oder der absichtlichen Herbeiführung von militärischen Zwischenfällen und deren Auswachsen zu internationalen Krisen und zu einem Krieg vermindern. Die Sowjetunion ist bereit, eine vertragliche Abmachung über die Reduzierung der Militärausgaben, in erster Linie der großen Staaten, zu treffen.

Fünftens:
— die UNO-Beschlüsse über die Liquidierung der noch verblei-

benden Kolonialregime müssen völlig in die Tat umgesetzt werden. Erscheinungsformen von Rassismus und Apartheid unterliegen der allgemeinen Verurteilung und dem Boykott.

Sechstens:
— die Sowjetunion ist bereit, mit allen Staaten, die sich ihrerseits darum bemühen, Beziehungen gegenseitig vorteilhafter Zusammenarbeit auf allen Gebieten zu vertiefen. Unser Land ist bereit, gemeinsam mit anderen interessierten Staaten an der Lösung solcher Probleme wie dem Schutz der Umwelt, der Erschließung energiewirtschaftlicher und anderer natürlicher Ressourcen, der Entwicklung des Transport- und Nachrichtenwesens, der Vorbeugung und Liquidierung der gefährlichsten und verbreitetsten Krankheiten, der Erforschung und Erschließung des Kosmos und des Weltmeeres mitzuarbeiten.

Wie wir sehen, mißt die Sowjetunion den direkten, unmittelbaren Maßnahmen zur Verhinderung und Beilegung von internationalen Konflikten und Krisen erstrangige Bedeutung bei. Insgesamt sind in der sowjetischen Stellungnahme zu den Problemen der internationalen Lage die Grundlagen eines internationalen Systems formuliert, in dem solche Kräfte, die internationale Konflikte und Krisen auszulösen versuchen, kaum noch Möglichkeiten dazu besitzen.
Seit der Ausarbeitung dieses Programms sind noch keine zwei Jahre vergangen. In dieser kurzen Zeitspanne hat jedoch der Gang der Ereignisse den Realismus des sowjetischen Ansatzes bestätigt. Selbstverständlich haben dabei die Anstrengungen aller Kräfte, die ihr Streben nach der Regelung der internationalen Lage bekundet haben, eine wichtige Rolle gespielt.
Sehr verheißungsvolle Ereignisse in dieser Hinsicht sind die auf die Schaffung eines Systems der kollektiven Sicherheit in Europa gerichteten Maßnahmen, ferner die Ergebnisse der sowjetisch-amerikanischen Verhandlungen auf höchster Ebene und eine Reihe wichtiger UNO-Beschlüsse (darunter eine Resolution über die Nichtanwendung von Gewalt in den internationalen Beziehungen, über das Verbot der Kernwaffen für alle

Zeiten) usw. Wie die Erfahrungen zeigen, ist die Entspannung in den internationalen Beziehungen ein dynamischer und vielschichtiger Prozeß; Änderungen in der einen Richtung schaffen günstigere Bedingungen für Änderungen in anderen Bereichen und für den allgemeinen Fortschritt.

Im Mittelpunkt unserer Diskussion muß die Frage der Prinzipien des Herangehens an die Verhinderung und Beilegung der internationalen Konflikte stehen, in erster Linie der größten von ihnen, die die Tendenz aufweisen, sich zu internationalen politischen Krisen zu entwickeln, die Frage der konkreten Maßnahmen auf diesem Gebiet.

Von großer Bedeutung für die erfolgreiche Beilegung internationaler Konflikte ist besonders die konsequente Anwendung des Prinzips der Hilfe für Opfer von Aggressionen, der aktiven Abfuhr für den Aggressor sowie die Durchsetzung von Beschlüssen über die Einstellung von Kriegshandlungen, die gleichzeitig die reale Grundlage für eine gerechte politische Regelung legen und dem Aggressor keine Möglichkeit geben, die Früchte seiner rechtswidrigen Handlungen zu genießen. Wissenschaftler, die ähnliche Situationen untersuchen, müssen ohne Zweifel bei der Ausarbeitung neuer Vorschläge eine wichtige Rolle spielen.

Im Verlauf des Kampfes für die Verhinderung und Beilegung von internationalen Konflikten und Krisen haben wir in der Nachkriegsperiode mehrere Etappen durchgemacht. In der ersten Etappe konnten wir Kräfte zügeln, die beabsichtigen, ihre Ziele mit Hilfe eines allgemeinen Krieges zu erreichen. Jeder Aggressor sieht schon seit zehn oder 15 Jahren ein, daß die Entfesselung eines allgemeinen Krieges für ihn einem Selbstmord gleichkommen würde. In der nächsten Etappe wurde die Konzeption der lokalen Kriege (vor allem in Vietnam) in Mißkredit gebracht. Nun bieten sich reale Möglichkeiten, das jetzige Jahrzehnt, die siebziger Jahre, zu einer Periode zu machen, da aus dem internationalen Leben größere internationale Konflikte und Krisen beseitigt sein werden. Der heute erfolgreich vor sich gehende Prozeß der internationalen Entspannung verleiht zusätzliche Zuversicht, daß dieses Ziel erreicht werden kann.

Wladimir Gantman

Typen, Inhalt, Struktur und Entwicklungsphasen internationaler Konflikte

Typen zeitgenössischer internationaler Konflikte

Die Aufarbeitung der Probleme des zeitgenössischen internationalen Konfliktes setzt vor allem eine prinzipielle und genaue wissenschaftliche Kennzeichnung des Forschungsgegenstandes voraus. Hierbei erweisen sich vom Standpunkt des Inhalts und der Methodologie her alle Versuche, die Fragen des internationalen Konfliktes auf der Basis der „allgemeinen Konflikttheorie" zu behandeln, als haltlos. Diese „Theorie" erhebt Anspruch auf die Schaffung eines gewissen universalen theoretischen Schemas und auf eine ebenso universale Methodologie der Forschung, die gleichermaßen auf einen Konflikt zweier zufällig auf der Straße aneinandergeratenen Individuen, auf die Beziehungen innerhalb der primären sozialen Zelle – der Familie –, auf ein Geplänkel monopolistischer Konkurrenten, auf die Klassenkämpfe der Arbeit und des Kapitals und schließlich auf alle in der heutigen Welt denkbaren Typen eines internationalen Konfliktes anwendbar sind, unabhängig von ihrer konkret-historischen, sozialpolitischen Natur und von der Weltsituation.

Aber selbst wenn sich die Ambitionen der Autoren und Anhänger der „allgemeinen Konflikttheorie" nur auf die Sphäre der sozialen Beziehungen beschränken, wird der internationale Konflikt von ihr als im Grunde genommen „typischer" und nur nach gewissen Momenten als Sonderfall erörtert. Bei einem solchen „überhistorischen" Aufbau wird jenes nicht minder wichtige Faktum vollkommen ignoriert, daß in einem Konflikt in der internationalen Arena souveräne Staaten mit ihrer sozialpolitischen Ordnung, mit der einen oder anderen Wechselbeziehung des wirtschaftlichen und militärischen Potentials, mit bestimmten internationalen Verpflichtungen bilateralen und multilateralen Charakters auftreten. Es werden weder das Kräfteverhältnis in der Weltarena noch die internationale Lage in Betracht gezogen, unter deren Bedingungen jeder konkrete Konflikt entsteht und sich entwickelt.

Den Zielen einer marxistisch-leninistischen Analyse eines gegenwärtigen internationalen Konfliktes kann eine solche „universelle" abstrakte und ihrem Wesen nach eklektische Konstruktion, die jeglicher Lebensgrundlage bar ist, nichts geben. Mehr als das, sie verwirrt die Frage, indem sie das klassenmäßige politische Wesen und den Inhalt des realen internationalen Konfliktes, seine Spezifik als Konflikt von Staaten in der internationalen Arena ignoriert. Die Typologie des internationalen Konfliktes verliert dabei jegliche ernsthafte theoretische und methodologische Basis, jegliche objektiven Kriterien. Eine wissenschaftliche Klassifizierung von internationalen Konflikten, die einem beliebigen Konflikt überhaupt gleichgesetzt werden, wird unmöglich.

Die Aufgabe der Aussonderung des Forschungsgegenstandes offenbart schon in der allerersten Etappe den tiefen Zusammenhang zwischen der Ausarbeitung der Probleme der Typologie, der Aufdeckung des klassenmäßigen, sozial-politischen Inhalts, der Definition der Struktur und der Phasen der Entwicklung des gegenwärtigen internationalen Konfliktes. Das wird nur auf der Basis der Entwicklung der auf dem Studium der Praxis beruhenden wissenschaftlichen Vorstellungen vom internationalen Konflikt im Rahmen der marxistisch-leninistischen Theorie der internationalen Beziehungen möglich.

Als Leitfaden bei der Ausarbeitung der theoretischen Probleme der internationalen Beziehungen, darunter auch der theoretischen Grundlagen des internationalen Konfliktes, dient der Gedanke W. I. Lenins von der Notwendigkeit, eine „materialistische Theorie der Politik" auszuarbeiten.[1]

Es ist notwendig, den Gegenstand der Untersuchung auch in einem anderen Sinn einzuengen. Manchmal wird der internatio-

---

[1] W. I. Lenin, Werke, Bd. 17, Berlin 1967 (nach der 4. russ. Ausgabe), S. 547. mente und Materialien, Moskau, 5.–7. Juni 1969, Moskau, Politisdat, 1969, S. 286.

nale Konflikt allzu erweitert betrachtet. Jeglicher Widerspruch in der internationalen Arena, sei er nun objektiv oder subjektiv, politisch, ideologisch oder anderer Art, wird in jedem Stadium seiner Entwicklung bereits als „fertiger" internationaler Konflikt dargestellt.

Widersprüche in der internationalen Arena, darunter auch solch ein allumfassender Widerspruch der gegenwärtigen Epoche, wie er den Beziehungen der beiden Weltsysteme zugrunde liegt, haben selbstverständlich unmittelbarste Beziehung zu entstehenden internationalen Konflikten als deren objektive Grundlage, Ursache und Triebkraft und finden eine direkte oder indirekte Widerspiegelung in der Natur und im Charakter des Konfliktes selbst, in den Zielen, der Strategie und den Methoden der daran teilnehmenden Staaten, in den äußeren Bedingungen der Entwicklung des internationalen Konfliktes. Aber man darf sie nicht einem bestehenden, „herangereiften" internationalen Konflikt gleichsetzen. Das sind Erscheinungen verschiedener Ordnung.

Man sollte auch die Begriffe Konflikt und Zwiespalt in den internationalen Angelegenheiten nicht miteinander verwechseln. Ein Zwiespalt als allgemeiner Charakterzug dieser oder jener internationalen politischen Situation, der durch die objektiv bestehenden Widersprüche hervorgebracht wird – das ist noch kein internationaler Konflikt. Ein internationaler Konflikt ist ein ganz konkreter internationaler politischer Prozeß, der seine ganz bestimmte Entstehung, Inhalt und Form, System, Struktur und Entwicklungsphasen hat.

Unsere Zeit, das ist eine Periode, „in der sich die geschichtliche Auseinandersetzung zwischen den Kräften des Fortschritts und der Reaktion, zwischen Sozialismus und Imperialismus, zuspitzt. Schauplatz dieser Auseinandersetzung ist die ganze Welt, sind die wichtigsten Bereiche des gesellschaftlichen Lebens: die Wirtschaft, die Politik, die Ideologie und die Kultur"[2], – wurde in den Dokumenten der Internationalen Beratung der kommunistischen und Arbeiterparteien im Jahre 1969 vermerkt.

[2] Internationale Beratung der kommunistischen und Arbeiterparteien. Dokumente und Materialien, Moskau, 5.–7. Juni 1969, Moskau, Politisdat, 1969, S. 286.

Das bringt nicht nur die allgemeine Gegensätzlichkeit der gegenwärtigen internationalen Beziehungen hervor und charakterisiert die Hauptsphäre dieser Gegensätzlichkeit, sondern ist stets auch das entscheidende Element jeglichen internationalen Konfliktes, wo immer er entstehen mag, welche konkreten Kräfte an ihm teilnehmen mögen, welches Ausmaß er erreichen mag.

Manche westlichen Forscher, welche die Bedeutung des internationalen Konfliktes merklich hypertrophieren und in einer Reihe von Fällen unverhohlen verabsolutieren, sind bestrebt, ihn nicht nur als grundsätzliche historische Tendenz darzustellen, sondern auch als das Wesen der gegenwärtigen internationalen Beziehungen, wobei sie zwischen ihnen faktisch ein Gleichheitszeichen setzen. In der „Internationalen Enzyklopädie der Sozialwissenschaften" schrieben die amerikanischen Autoren William und Annette Fox: „Das Wesen der internationalen Politik ist der Konflikt und seine Bereinigung zwischen den Gruppen von Menschen, die keine allgemeine oberste Macht anerkennen."[3]

Die marxistisch-leninistischen Erforscher des internationalen Konfliktes können, wie ernsthaft sie seine Rolle in der Weltpolitik auch einschätzen, selbstverständlich in einem solchen Konflikt nichts Allumfassendes sehen, was den ganzen Bereich der internationalen Beziehungen unserer Tage restlos überlagert.

Bei einem solchen Herangehen, das unauslöschlich den Stempel der Mentalität des kalten Krieges trägt und den politischen und wissenschaftlichen Horizont der Gelehrten stark einengt, wird die sich ständig erweiternde Sphäre der internationalen Zusammenarbeit übersehen, wird das Problem der friedlichen Koexistenz der Staaten mit unterschiedlicher sozialer Ordnung übergangen. Der Konflikt verwandelt sich in irgendeine metaphysische Kategorie, wird als ewige, natürliche, fatal unvermeidliche und monopolitische Form der internationalen Beziehungen legalisiert.

---

[3] W. Fox, A. Fox, International Politics, in: International Encyclopedia of the Social Science, New York 1968.

Nicht selten wird der internationale Konflikt aber auch in zu engem Rahmen erörtert, auf einzelne Phasen seiner Entwicklung reduziert. Am häufigsten wird der internationale Konflikt als militärischer Konflikt, als Krieg dargestellt. Indessen kann der militärische Konflikt in Wahrheit nur eine einzelne, „vorgeschobene" Phase in dem einen oder anderen internationalen Konflikt sein, und zwar weder eine unbedingte noch die abschließende Phase.

Der internationale Konflikt entsteht inmitten des Dickichts der gegenwärtigen internationalen Beziehungen als einer ihrer Zustände und Formen – friedlicher und nichtfriedlicher –, als eine der sich dialektisch abwechselnden Phasen des internationalen politischen Prozesses der Entspannung, des Kampfes, der Kriege unterschiedlicher Entstehung, Ausmaßes und Niveaus. Diese Dialektik faßte W. I. Lenin in die Formel des preußischen Militärtheoretikers Clausewitz, nach welcher der Krieg „nichts als eine Fortsetzung des politischen Verkehrs mit Einmischung anderer Mittel" ist. Bei der Untersuchung der wechselseitigen (darunter auch der umgekehrten) Übergänge vom friedlichen Zustand zum Krieg schrieb W. I. Lenin: „Friedliche Bündnisse bereiten Kriege vor und wachsen ihrerseits aus Kriegen hervor, sich gegenseitig bedingend, erzeugen einen Wechsel der Formen friedlichen und nicht-friedlichen Kampfes auf ein und demselben Boden imperialistischer Zusammenhänge und Wechselbeziehungen der Weltwirtschaft und der Weltpolitik."[4]

Zu Unrecht wird der internationale Konflikt auch der internationalen Krise gleichgesetzt, wenngleich in einzelnen Fällen eine solche Krise tatsächlich als gesetzmäßige Folge und Fortsetzung der Entwicklung eines internationalen Konfliktes, als dessen schärfste Phase, entstehen kann.

„Jede Krise räumt mit dem Konventionellen auf, sprengt die äußeren Hüllen, fegt das Überlebte hinweg, legt die tieferen Triebfedern und Kräfte bloß."[5] Mit ihrem Entstehen verleiht die Krise der gesamten Entwicklung des internationalen Kon-

---

[4] W. I. Lenin, Werke, a.a.O., Bd. 22, S. 301.
[5] Ebd., S. 361.

fliktes einen überaus ernsten und sogar außerordentlich gefährlichen Charakter. Eine Krise ist nicht unbedingt die abschließende Phase der Entwicklung eines Konfliktes.
Eine Krise kann vorübergehen, während der internationale Konflikt, der sie hervorgebracht hat, in einem mehr oder weniger offenen oder latenten Zustand erhalten bleibt und mehr als einmal weitere analoge Krisen mit unterschiedlichem Niveau der Schärfe und des Ausmaßes hervorbringen kann.
Die Typologie der internationalen Konflikte muß auf der Grundlage der Leninschen Methodologie aufgebaut werden. W. I. Lenin ging, als er an die Analyse der Kriege schritt, von ihrer großen Unterschiedlichkeit aus und von der Notwendigkeit, sich in jedem der Kriegstypen auszukennen, sie in der Wechselbeziehung mit dem Charakter der Epoche zu betrachten.
„Kriege", schrieb er, „sind eine kunterbunte, mannigfaltige, komplizierte Angelegenheit. Mit einer allgemeinen Schablone kann man an sie nicht herangehen.
I. Drei Haupttypen: das Verhältnis der unterdrückten Nation zur unterdrückenden ... Auf Grund einer allgemeinen Regel ist der Krieg seitens der unterdrückten Nation rechtmäßig ...
II. Das Verhältnis zwischen zwei unterdrückenden Nationen. Der Kampf um Kolonien, Märkte usw. ... Auf Grund einer allgemeinen Regel ist ein Krieg dieser Art von *beiden* Seiten Raub ...
III. Der dritte Typus. Ein *System* gleichberechtigter Nationen. Die Frage ist um vieles komplizierter!!!"[6]
Jeder der vergangenen historischen Epochen war eine ihr zugehörende Typologie der internationalen Konflikte eigen. Den ihrem Wesen und ihren Ausmaßen nach katastrophalen internationalen Konflikten der ersten Hälfte des 20. Jahrhunderts, die sich zu Weltkriegen auswuchsen, lagen die wirtschaftliche und die politische Aggression der imperialistischen Mächte zugrunde, die das Streben nach Umverteilung der Welt, nach Weltherrschaft hervorriefen, die stürmische Entwicklung des

---

[6] W. I. Lenin, Werke, a.a.O., Bd. 35, S. 249.

Militarismus auf dem Gebiet ihrer Ideologie und Politik. W. I. Lenin unterstrich, daß „die ‚Weltherrschaft', kurz gesagt, der Inhalt der imperialistischen Politik ist, deren Fortsetzung der imperialistische Krieg ist".[7]
Die Entstehung und der Charakter der gegenwärtigen internationalen Konflikte sind untrennbar mit unserer Epoche verbunden – einer Epoche des Kampfes zweier entgegengesetzter Gesellschaftssysteme, der sozialistischen und der nationalen Befreiungsrevolutionen, des Sturzes des Imperialismus, der Liquidierung des Kolonialsystems, des Überganges immer neuer Völker auf den Weg des Sozialismus. Zugleich wirken die wissenschaftlich-technische Revolution, darunter auch die Revolution auf militärischem Gebiet, unmittelbar auf den Inhalt und den Charakter des inernationalen Konfliktes ein.
Das *Kräfteverhältnis* der beiden Systeme in der internationalen Arena ist eine dynamische und summierende Kategorie, welche die Epoche charakterisiert. Ohne ihre Enthüllung und Erfassung kann man weder die Widersprüche als objektive Grundlage, noch die Typen, weder den Inhalt und die Struktur, noch schließlich die Entwicklungsphasen eines internationalen Konfliktes untersuchen. W. I. Lenin unterstrich die Rückwirkung des internationalen Konfliktes auf die Veränderung im Kräfteverhältnis. Der jeden Krieg abschließende Friede „kann nur eine Registrierung der tatsächlichen Machtverschiebungen sein, die im Verlauf und im Ergebnis des Krieges erreicht wurden".[8]
Das Kräfteverhältnis der beiden Systeme an sich konnte die Entstehung akuter internationaler Konflikte und deren Entwicklung bis auf das Niveau internationaler Krisen und lokaler bewaffneter Konflikte nicht verhindern. Aber auch hier hat es diese Entwicklung wesentlich gezügelt und letzten Endes die Unterbindung der imperialistischen Aggression, die völlige Liquidierung des entstandenen internationalen Konfliktes und die Beseitigung ihrer krisenschwangeren oder sogar ihrer bewaffneten Phase begünstigt.

[7] Vgl. W. I. Lenin, Werke, a.a.O., Bd. 23, S. 260.
[8] W. I. Lenin, Werke, a.a.O., Bd. 22, S. 172.

Ausgangs- und Grundkriterium für die Feststellung des Typus eines internationalen Konfliktes sind die klassenmäßige, sozialpolitische Natur und der Inhalt des Konfliktes, der wirtschaftliche, soziale und politische Aufbau der Staaten, die an dem Konflikt beteiligt sind, das Verhältnis und die Gruppierung der inneren politischen und Klassenkräfte, die Ziele und die Strategie der am Konflikt beteiligten Seiten.

W. I. Lenin vermerkte, „nur dann, wenn wir bei jeder schroffen Wendung der Geschichte das Wechselverhältnis der Klassen ... in Betracht ziehen ..., nur dann haben wir das Gefühl, fest auf der Analyse der glaubwürdigen Tatsachen zu fußen."[9]

Ein anderer Komplex von Merkmalen eines internationalen Konfliktes bezieht sich auf die äußeren Bedingungen seiner Entstehung und Entwicklung. Dies erfordert die Klarstellung der Systeme der internationalen politischen Verbindungen, Bündnisse und Verpflichtungen der Teilnehmerstaaten, ihrer Widersprüche zu anderen Ländern, des Grades ihres ideologischen und politischen Einflusses auf die internationale Arena, darunter auch auf die UNO, der Wirksamkeit der Mechanismen für Realisierung der ökonomischen und militärisch-politischen Unterstützung seitens der Verbündeten und, was besonders wichtig ist, des realen Platzes des gegebenen Konfliktes im Kampf der beiden sozialen Systeme und ihrer wichtigsten Bündnisse.

Es gibt auch noch einen dritten Komplex von Merkmalen, der bei der Definierung des Typus eines internationalen Konfliktes eine gewisse Rolle spielt. Dazu gehören das wirtschaftliche und militärische Potential der Teilnehmer, die Ressourcen, Finanzen, das Transport- und Verbindungswesen, der moralisch-politische Zustand der Bevölkerung angesichts des gegebenen Konfliktes, die Mobilisierungsfähigkeiten, die Ausmaße und die Dauer des Konfliktes, die Ausdehnung des von ihm erfaßten Territoriums, seine praktischen Auswirkungen auf Wirtschaft und Politik, die Notwendigkeit, ökonomische und militärische Mittel für andere Konflikte einzusetzen, in welche die Teilnehmer des jeweiligen

---

[9] W. I. Lenin, Werke, a.a.O., Bd. 27, S. 167.

Konfliktes in direkter oder indirekter Form gleichzeitig einbezogen sind.
Die Schwierigkeit einer synchronen Erfassung all dieser in ständiger Wechselwirkung stehenden, in einigen Fällen einander ausschließenden, neutralisierenden oder kompensierenden Merkmale ist offensichtlich. Dennoch ist es unerläßlich, bei der Eingliederung dieses oder jenes internationalen Konfliktes in einen der Konflikttypen, die wichtigsten von ihnen zu erfassen und zu bewerten.
Offensichtlich ist eine wissenschaftlich motivierte strenge Systematisierung dieser Merkmale, die Feststellung ihrer historischen und strukturell-funktionalen, in ihrem Wesen dialektischen Wechselbeziehung im Rahmen des Systems, das jedem konkreten internationalen Konflikt entspricht, notwendig.
Die für wissenschaftliche Zwecke bestimmte Typologie der internationalen Konflikte darf nicht allzu umfangreich sein. Sie soll unserer Ansicht nach nur die Hauptmerkmale eines jeden Typus enthalten.
Der vorliegenden Typologie sind die Klassennatur, die sozialpolitische Natur und der Inhalt des Konfliktes zugrunde gelegt, die in den Zielen und der Strategie der Parteien im Konflikt zum Ausdruck kommen. In ihr wird der Weltsituation Rechnung getragen, vor allem dem Kampf der beiden sozial-politischen Systeme in der internationalen Arena. Die internationalen Konflikte der Gegenwart kann man in folgende Grundtypen unterteilen:

1. Internationale Konflikte, die unmittelbar die Widersprüche und den Kampf der beiden sozial-politischen Systeme in der internationalen Arena widerspiegeln:

a) Ein Konflikt zwischen einzelnen Staaten, die den militärisch-politischen Organisationen der beiden einander gegenüberstehenden Systeme – der NATO und dem Warschauer Vertrag – angehören.

b) Ein Konflikt im Ergebnis eines Versuches der Einmischung eines imperialistischen Staates in die inneren Angelegenheiten eines sozialistischen Staates, der der militärisch-politischen Organisation des Warschauer Vertrages angehört, mit dem Ziel der Schwächung seiner sozialistischen Ordnung.

c) Ein Konflikt der beiden einander gegenüberstehenden militärisch-politischen Organisationen – der NATO und des Warschauer Vertrages im ganzen.

d) Ein Konflikt im Ergebnis einer Blockade oder eine Aggressionsdrohung seitens einer imperialistischen Macht gegen ein sozialistisches Land, das nicht unmittelbar der militärisch-politischen Organisation der sozialistischen Länder angehört.

e) Ein Konflikt im Ergebnis der direkten Aggression einer imperialistischen Macht gegen einen sozialistischen Staat, der nicht der militärisch-politischen Gemeinschaft der sozialistischen Länder angehört.

f) Ein Konflikt zwischen den beiden größten Mächten der einander gegenüberstehenden sozial-politischen Systeme aufgrund ihrer bilateralen oder weltweiten Widersprüche.

2. Internationale Konflikte, die durch Versuche des Imperialismus hervorgerufen werden, den Befreiungskampf der Völker zu unterdrücken:

a) Ein Konflikt im Ergebnis eines Versuches des Imperialismus und seiner Schützlinge, die nationale Befreiungsrevolution mit wirtschaftlichen, politischen und militärischen Mitteln zu unterdrücken.

b) Ein Konflikt im Ergebnis eines direkten „Exports der Konterrevolution" einer imperialistischen Macht in ein Land, in dem die Kräfte der sozialistischen Orientierung gesiegt haben.

c) Ein Konflikt im Ergebnis der Unterstützung expansionistischer Absichten mittlerer und kleiner kapitalistischer Länder durch den Imperialismus.

d) Ein Konflikt im Ergebnis der Tätigkeit von Kräften des

Kolonialismus und des Neokolonialismus in noch nicht befreiten Bezirken.

e) Ein Konflikt im Ergebnis eines Versuches des Imperialismus, Staaten der „Dritten Welt" auf der Basis historischer, wirtschaftlicher, politischer, territorialer, nationaler, religiöser und anderer Widersprüche gegeneinander aufzuhetzen.

3. Internationale Konflikte, welche die interimperialistischen Widersprüche und Kämpfe widerspiegeln:

a) Ein Konflikt im Ergebnis der wirtschaftlichen und militärischen Widersprüche imperialistischer Großmächte – der USA und der westeuropäischen Länder, der USA und Japans, innerhalb des „Gemeinsamen Marktes".

b) Ein Konflikt zwischen mittleren und kleineren kapitalistischen Ländern, die der militärisch-politischen Organisation der NATO angehören, im Ergebnis wirtschaftlicher, politischer, territorialer, nationaler oder religiöser Widersprüche.

c) Ein Konflikt zwischen einem Land, das der NATO angehört, und einem neutralen Land im Ergebnis wirtschaftlicher, politischer, territorialer, nationaler oder religiöser Widersprüche.

Selbstverständlich kann das unterbreitete Schema von Typen internationaler Konflikte keinen Anspruch auf Vollständigkeit erheben. Jede Theorie, unterstrich Lenin, zeigt „bestenfalls nur das Grundlegende, das Allgemeine" auf, „erfaßt die Kompliziertheit des Lebens nur annähernd".[10] Es kann und soll detailliert und präzisiert werden, um die ganze Vielfalt der gegenwärtigen internationalen Konflikte einigermaßen vollständig zu vermitteln.

Nicht ausgeschlossen ist die Entstehung einzelner (sogar relativ stabiler und akuter) internationaler Konfliktsituationen in Fällen, in denen in den herrschenden Kreisen sozialistischer Länder

---

[10] W. I. Lenin, Werke, a.a.O., Bd. 24, S. 27 f.

unter bestimmten Voraussetzungen nationalistische, chauvinistische, antisowjetische Stimmungen die Oberhand gewinnen, wie dies in China der Fall ist. Sie können die Klassennatur und die Ziele der Außenpolitik deformieren und zu Konflikten mit anderen sozialistischen Ländern führen. Eine solche Entwicklung ist für die sozialistische Außenpolitik jedoch nicht typisch. Und deshalb darf man sie vom wissenschaftlichen Standpunkt aus nicht in einer typologischen Serie untersuchen. Jeder Fall solcher außerordentlichen Konfliktsituationen muß einer besonderen konkreten Analyse unterzogen werden.

Die Ausarbeitung einer Typologie internationaler Konflikte auf dieser Grundlage soll keine abstrakten akademischen Konstruktionen und keine starren dogmatischen Rahmen nach sich ziehen. Wie sehr sich verschiedene international-politische Situationen im historischen Aspekt auch gleichen mögen, welche gemeinsamen Hauptgesetzmäßigkeiten der Entwicklung in ihnen auch aufscheinen mögen – jede dieser Situationen ist immer einzigartig. Jeder internationale Konflikt wird innerhalb der Grenzen der allgemeinen Typenbesonderheiten durch individuelle Züge charakterisiert, die in seiner Entstehung und seinem Charakter, in der Struktur und in den Phasen seiner Entwicklung in Erscheinung treten.

In der Realität sind die internationalen Konflikte nicht durch undurchdringliche Zäune voneinander getrennt. Ein entstandener Konflikt trägt stets einen konkret-historischen Charakter, wird durch die Praxis der internationalen Beziehungen, durch den ganzen Verlauf seiner Entwicklung bestimmt.

Außer Zweifel steht auch, daß jeder Typus eines internationalen Konfliktes in seiner „reinen" Form in Wirklichkeit außerordentlich selten anzutreffen ist. Ein und derselbe internationale Konflikt kann in der Tat Merkmale von zwei oder noch mehr Typen enthalten und damit die Kompliziertheit und gegenseitige Verflechtung der internationalen Ereignisse und Situationen widerspiegeln. Nicht selten kann ein Typus eines internationalen Konflikts im Verlauf seiner Entwicklung in einen anderen übergehen. Man muß stets die Tatsache der Vielzahl der ihrer Entstehung und ihrem Charakter, dem Ausmaß und den angewandten Mitteln nach unterschiedlichen internationalen Konflikte in der gegenwärtigen Weltpolitik im Auge haben, die aufeinander folgend oder parallel eng miteinander verbunden sind. Gewöhnlich bleibt in ihnen ein ausreichend stabiler Kern von Teilnehmern, hauptsächlich großer Weltmächte, erhalten. Die wechselseitige Verbindung dieser dem Typus nach verschiedenartigen oder gleichartigen internationalen Konflikte in Zeit und Raum durch ein und dieselben Teilnehmer kann nur zu einer Komplizierung des Charakters eines solchen Konfliktes, zu einer Unterspülung des „reinen" Typus, zur Entstehung eines komplizierteren Bildes des Konfliktes führen, in dem gemischte, „hybride" Typenzüge bemerkbar oder sogar entscheidend werden. All das muß man auch bei einer wissenschaftlichen Einschätzung entstehender internationaler Konflikte ebenso in Betracht ziehen wie beim politischen Herangehen an ihn in praktischen Angelegenheiten.

Man darf diese prinzipielle Untersuchung der Typen der internationalen Konflikte nicht mit der Aufgabe ihrer Klassifizierung verwechseln. Freilich muß man unterstreichen, daß auch die Klassifizierung bei all ihrer unvergleichlichen größeren Schmiegsamkeit niemals ein universelles, für alle Lebensfälle gültiges Schema geben wird.

Die Festlegung der Typen des gegenwärtigen internationalen Konfliktes ist eine unerläßliche Voraussetzung für jede ernsthafte Klassifizierung solcher Konflikte. Klassifizieren kann man die internationalen Konflikte nach verschiedenen Merkmalen entsprechend den angewandten Zielen einer solchen Klassifizierung – nach der Natur und dem Charakter, nach den politischen und strategischen Zielen, nach den Ausmaßen und der Dauer, den angewandten Mitteln und den Besonderheiten der Doktrinen, die im Verlauf des Konfliktes in die Tat umgesetzt werden, oder nach vielen anderen Zügen. Eine wirklich wissenschaftliche Klassifizierung beginnt dort, wo ihr eine Typologie zugrunde gelegt wird, eine Erforschung der Typen des internationalen Konfliktes nach grundlegenden und unveräußerlichen Eigenschaften, die durch historische und klassenmäßige, sozial-politische Gesetzmäßigkeiten hervorgebracht werden.

Im Westen, besonders in den USA, entstanden in den letzten Jahren nicht wenige unterschiedliche Klassifizierungen der internationalen Konflikte. Jeder Forscher ist bestrebt, sich eine eigene, in sein theoretisches Schema gezwängte Klassifizierung zuzulegen, deren Grundlage die einen oder anderen formalen Merkmale des internationalen Konfliktes bilden.

Es geht dabei nicht um den wirklichen Versuch einer Formalisierung der Parameter des internationalen Konfliktes. Wenn es nötig ist, Angaben, welche den einen oder anderen Konflikt charakterisieren, in die Sprache von Elektronenrechnern zu übersetzen, ist die Formalisierung dieser Angaben natürlich und notwendig. Die Klassifizierung vieler westlicher Forscher besteht aber gewöhnlich darin, daß sie ihren Schemata nicht die grundlegenden und unveräußerlichen Züge des internationalen Konfliktes zugrunde legen, welche die Gesetzmäßigkeiten der Entwicklung bestimmen, sondern zufällige, zweitrangige, innerlich nicht verbundene und rein formale Merkmale.

Qualität und „Arbeitsvermögen" von Klassifizierungen eines internationalen Konfliktes auf der Basis der Formalisierung seiner Merkmale werden in erster Linie durch den Grad ihrer Übereinstimmung mit der ausgearbeiteten wissenschaftlichen Typologie solcher Konflikte, mit dem realen sozial-politischen Inhalt eines jeden Typus bestimmt. Unter dieser Voraussetzung kann die Klassifizierung auf Grund formalisierter Merkmale in einigen Fällen praktisch nützlich und sogar notwendig sein, insbesondere wenn es sich um die Hinzuziehung logisch-mathematischer Mittel zur Untersuchung eines internationalen Konfliktes handelt. Freilich wird eine solche Klassifizierung stets einen sekundären, behelfsmäßigen Arbeitscharakter tragen im Vergleich zu der gehaltvollen Analyse, die der Typologie zugrunde liegt.

Das lebende Gewebe der internationalen Beziehungen unterwirft sich nicht einfach der Aufgliederung in Zellen selbst der am wenigsten „strengen" oder detailliert ausgearbeiteten Typologie und Klassifizierung der internationalen Konflikte. Es ist ein konkret-historisches Herangehen erforderlich, das vom Studium der Praxis, der lebendigen Entwicklung ausgeht, und nicht ein abstraktes und vorgegebenes Schema, das auf jeden internationalen Konflikt angewendet werden kann. Nur unter diesen Voraussetzungen können die Typologie und die Klassifizierung von Konflikten für die Erforschung der realen internationalen Konflikte, für die außenpolitische Praxis einen Nutzen bringen.

Inhalt und Struktur des internationalen Konflikts

Die methodologische Schwäche des strukturell-funktionalen Herangehens an die Erforschung der internationalen Beziehungen, des internationalen Konfliktes, besteht in der Loslösung der Analyse des Systems und der Struktur des Konfliktes von der historischen Untersuchung seiner Entwicklung, in der Loslösung der Struktur vom realen Inhalt der Beziehungen, die dem Konflikt zugrunde liegen, in der Ignorierung der gehaltvollen Seite des international-politischen Prozesses, in der Hervorhebung seiner strukturellen und funktionalen Seiten, die für sich selbst genommen werden. Das führte unverzüglich zu dem natürlichen Ergebnis – zur formalistischen Unfruchtbarmachung der strukturell-funktionalen Analyse bei der Erforschung der internationalen Beziehungen, des internationalen Konfliktes. Diese „Sterilität" der Methodik löscht jedoch nicht die positiven und nützlichen Seiten der System-Strukturanalyse.
Das marxistisch-leninistische Herangehen erfordert eine dialektische, wechselseitige Verbindung, eine Kombination der historischen und logischen Analyse internationaler Konflikte.
W. I. Lenin forderte, getreu dem Prinzip des Historismus, das System und die Struktur im Prozeß ihrer dialektischen Entwicklung zu betrachten. „Das Allersicherste in der Gesellschaftswissenschaft, das Allernotwendigste, um wirklich die Fertigkeit zu erwerben, an diese Frage richtig heranzugehen, um sich nicht in eine Masse von Kleinkram oder in der ungeheuren Mannigfaltigkeit der einander bekämpfenden Meinungen zu verlieren, das Allerwichtigste, um an diese Frage vom

wissenschaftlichen Standpunkt heranzugehen, besteht darin, den grundlegenden historischen Zusammenhang nicht außer acht zu lassen, jede Frage von dem Standpunkt aus zu betrachten, wie eine bestimmte Erscheinung in der Geschichte entstanden ist, welche Hauptetappen diese Erscheinung in ihrer Entwicklung durchlaufen hat, und vom Standpunkt dieser ihrer Entwicklung aus zu untersuchen, was aus der betreffenden Sache jetzt geworden ist.[11]

In der einen oder anderen Untersuchung können, je nach den gesteckten Zielen, entweder die Züge der historischen oder jene der logischen Analysenmethode überwiegen. Bei der Untersuchung eines internationalen Konfliktes der Gegenwart ist die logische Untersuchungsmethode angebracht. Aber diese Methode ist im wesentlichen „nichts anderes" – vermerkte F. Engels unter Bezugnahme auf die Arbeit von K. Marx ‚Zur Kritik der politischen Ökonomie' – „als die historische Methode, entkleidet der historischen Form und der störenden Zufälligkeiten."[12]

Das logische Analyseverfahren, das in sich die Prinzipien des Historismus trägt, gestattet es, eine wechselseitige Verbindung und Beeinflussung des Inhalts und der Struktur des internationalen Konfliktes festzustellen.

Der Inhalt des internationalen Konfliktes ist die Schlüsselkategorie bei der wissenschaftlichen Untersuchung, der politischen Einschätzung und der zielstrebigen Einwirkung auf dessen Verlauf und Ausgang.

W. I. Lenin, der mehr als einmal die Dialektik der Form und des Inhalts des internationalen Konfliktes in seinen Arbeiten analysiert hat, unterstrich, daß sie der Form nach dieselben internationalen Konflikte geblieben sind, welche sie in der vorangegangenen Epoche[13] waren, ihr sozialer und klassenmäßiger Inhalt sich jedoch kraft der objektiven historischen Veränderungen grundlegend geändert habe.

Die internationalen Beziehungen, insbesondere in einer solchen

---

[11] W. I. Lenin, Werke, Bd. 29, S. 463.
[12] K. Marx, F. Engels, Werke, Berlin, Bd. 13, S. 475.
[13] W. I. Lenin, Werke, a.a.O., Bd. 21, S. 137.

Form wie dem internationalen Konflikt, zeichnen sich heute durch hohe Dynamik, Dichte und enge Wechselwirkung der historischen Prozesse aus. Sie ziehen gewissermaßen die wirtschaftliche Entwicklung, den sozial-klassenmäßigen und ideologischen Kampf, den wissenschaftlich-technischen Fortschritt, die Vervollkommnung der Kampfmittel, die Außenpolitik und die Diplomatie der Staaten der beiden Systeme zu einem einzigen Knoten zusammen. Dies verleiht dem Inhalt eines jeden internationalen Konfliktes eine außerordentliche Kompliziertheit und Widersprüchlichkeit.

Die Marxisten-Leninisten verstehen sehr gut die Bedeutung der objektiven – der ständig wirkenden oder der langfristigen – Tendenzen der internationalen Beziehungen, welche die Konflikte hervorbringen und deren Inhalt und Entwicklung bestimmen. Niemals aber gehen sie an sie mit einem Standardschema heran. Diese Tendenzen werden doch in jedem einzelnen Fall unter spezifischen Bedingungen in die Tat umgesetzt.

Der Inhalt des internationalen Konfliktes zeigt einerseits wie in einem Brennpunkt die Natur und die Gründe der Entstehung des Konfliktes, spiegelt sich aber andererseits in den Zielen und in der Strategie der Parteien wider. Diese Einwirkung trägt jedoch keinen einseitigen Charakter. Wie die Erfahrung des Studiums der internationalen Konflikte in der Nachkriegsperiode zeigt, wirken die Struktur des Konfliktes, die im Verlaufe der Entwicklung des Konfliktes in ihr vor sich gehenden Veränderungen ihrerseits stark auf seinen Inhalt und können ihn manchmal beachtlich verändern. In diesem Glied ist der Einfluß der Rückverbindung außerordentlich wichtig, sowohl in wissenschaftlicher als auch in praktischer Beziehung, weil man im Inhalt des Konfliktes selbst die kleinsten Veränderungen nicht übersehen darf.

Ein Konflikt ist das politische Verhältnis zweier oder mehrerer Parteien, das in akuter Form die diesem Verhältnis zugrunde liegenden Widersprüche seiner Teilnehmer reproduziert. Das ist eben im allgemeinsten Sinne der Inhalt eines Konfliktes. Darunter sind wirtschaftliche, politische, ideologische, territoriale, nationale, religiöse und andere Widersprüche zu verstehen. Hier

haben sie sich in einem besonderen politischen Verhältnis verkörpert, das internationalen Charakter hat.
Ein solches internationales Verhältnis reproduziert nicht nur die tiefreichenden Widersprüche, welche in ihrem Fundament objektiven Charakter tragen, sondern auch die unmittelbaren Ursachen des Konfliktes, die nicht selten einen reichlich komplizierten und widerspruchsvollen, subjektiven, bereits ziemlich „entfremdeten" Überbau über den realen Widersprüchen darstellen.
Der Inhalt eines internationalen Konfliktes als politisches Verhältnis ist letzten Endes durch die wirtschaftlichen Beziehungen bestimmt. Die politischen Beziehungen, darunter auch jene, welche das Wesen des internationalen Konfliktes ausmachen, haben zu ihrem Fundament Klassenbeziehungen, werden aber nicht nur auf sie zurückgeführt. Sie bringen die Grundinteressen der Klassen in konzentrierter und gebrochener Form zum Ausdruck.
Selbstverständlich sind die Entstehung und der Verlauf der Entwicklung eines internationalen Konfliktes nicht nur mit den ihm zugrunde liegenden objektiven Widersprüchen verbunden, sondern auch mit einem solchen subjektiven Faktor, wie es die Außenpolitik dieses oder jenes Staates ist. Ein Konflikt wird ja gerade durch die Politik der Staaten hervorgerufen und „angestoßen". Die internationalen Konflikte unserer Zeit sind, unabhängig von diesen oder jenen konkreten Ursachen, die zu ihrer Entstehung und Bewegung geführt haben – letzten Endes eine Geburt der imperialistischen Politik, vor allem der imperialistischen Politik der USA, die den Konflikt bewußt und zielstrebig entfacht.
Der als politische Beziehung entstehende internationale Konflikt entwickelt jedoch auch eine neue Triebkraft – eine relativ selbständige Logik der eigenen Entwicklung, der man gesondert Rechnung tragen muß.
Der Politik der Staaten liegen die Interessen der herrschenden Klasse zugrunde. Als aber vom bürgerlichen Staat die Rede war, forderte W. I. Lenin eine sorgfältige Analyse der „ver-

schiedenen Interessen der verschiedenen Klassen, die hinsichtlich bestimmter, beschränkter Aufgaben miteinander übereinstimmen".[14]

Selbst wenn sie nicht in der Hauptsache und entscheidend die Interessen bestimmen, die in der Politik des jeweiligen bürgerlichen Staates im internationalen Konflikt in den Vordergrund treten, können die Interessen dieser oder jener Gruppen so oder anders die Politik der Staaten beeinflussen, in ihr berücksichtigt werden. Zugleich beinhaltet die marxistisch-leninistische Analyse des internationalen Konfliktes die Berücksichtigung der objektiven oder subjektiven nationalen Interessen, die neben den Klasseninteressen auftreten, im Verhältnis zu ihnen aber untergeordnet sind.

Die kapitalistische Welt des letzten Drittels des 20. Jahrhunderts gleicht am wenigsten einem Monolithen. Heute klingen die Worte von K. Marx vielleicht aktueller denn je: Wenn alle Angehörigen der modernen Bourgeoisie das gleiche Interesse haben, insoweit sie eine Klasse gegenüber einer anderen Klasse bilden, so haben sie entgegengesetzte, widerstreitende Interessen, sobald sie selbst einander gegenüberstehen. Dieser Interessengegensatz geht aus den ökonomischen Bedingungen ihres bürgerlichen Lebens hervor.[15]

Die Sphäre des höchsten Konfliktgehaltes bleiben in unserer Epoche zweifelsohne die Beziehungen der Staaten der beiden Weltsysteme, die Beziehungen der imperialistischen Mächte und die nationalen Befreiungsbewegungen der jungen unabhängigen Staaten. Aber man darf die in den politischen Beziehungen der kapitalistischen Länder reproduzierten interimperialistischen Widersprüche nicht außer acht lassen.

Freilich ist in dieser Sphäre die Möglichkeit des Überganges zur Krisenphase, insbesondere zur Phase des bewaffneten Konfliktes, für die kapitalistischen Politiker durch die Berücksichtigung der Tatsache des Gegenüberstehens der beiden Systeme in der internationalen Arena eingeschränkt. Aber auch hier drohen in letzter Zeit – ungeachtet aller künstlichen Stimulierungs-

[14] W. I. Lenin, Werke, a.a.O., Bd. 12, S. 405.
[15] K. Marx, F. Engels, Werke, a.a.O., Bd. 4, S. 141.

prozesse der „Vereinigung", der Integration, der Ausarbeitung einer politischen „Block"-Strategie und sogar einer konkreten Außenpolitik – reichlich heiße Konflikte, die manchmal das Niveau einer internationalen Krise erreichen und die Gefahr der Anwendung bewaffneter Mittel heraufbeschwören (der Konflikt zwischen Türkei und Griechenland im Rahmen der UNO wegen Zypern, der englisch-irische Konflikt wegen Nordirland, der italienisch-österreichische Konflikt wegen Alto-Adige, der englisch-spanische Konflikt wegen Gibraltar und andere).

In „niedrigeren" (dem Ausmaß und der Bedeutung nach jedoch viel größeren) Phasen der Entwicklung eines internationalen Konfliktes im Bereich der interimperialistischen Beziehungen befand oder befindet sich der Interessenkampf des Monopolkapitals der USA und der größten westeuropäischen Mächte, der USA und Japans, aber auch Frankreichs, der BRD, der Benelux-Länder innerhalb der EWG.

Es ist bezeichnend, daß sich die Widersprüche der wirtschaftlichen Interessen und die sie zum Ausdruck bringenden Konflikte der kapitalistischen Länder heute sogar im Rahmen und auf dem Boden der politischen Bündnisse, die zwischen ihnen bestehen, entfalten. Der angesehene bürgerliche Theoretiker Raymond Aron schreibt anläßlich einer Analyse der sich im Schoße der NATO entwickelnden Widersprüche zwischen den USA und ihren Verbündeten: „... In unserer Zeit bringen die wirtschaftlichen Interessen in der Regel die Bündnispartner gegeneinander auf, in der ferneren Perspektive aber wird das Bündnis nicht standhalten, wenn die wirtschaftliche Rivalität wirklich oder auch nur scheinbar in einen Kampf auf Leben und Tod hinüberwachsen wird. Ein Wirtschaftskrieg ist – äußerstenfalls, aber möglicherweise – ein Krieg ‚in weißen Handschuhen'".[16] Aber diese beiden Rezepte Raymond Arons setzen immerhin einen ziemlich ernsten und „hochentwickelten" internationalen Konflikt der kapitalistischen Länder auf der Grundlage eines Kampfes ihrer wirtschaftlichen und politischen Interessen voraus.

[16] „Le Figaro", 30. September 1971.

Die Interessengegensätze im Milieu der kapitalistischen Politik reichen heute außerordentlich tief und haben eine ernsthafte und, was besonders wichtig ist, wirtschaftliche Basis, wie dies aus der internationalen Währungskrise und den Handelskollisionen der imperialistischen Länder ersichtlich ist.

Zugleich kann man nicht unberücksichtigt lassen, daß im westlichen Lager auf dem Gebiet der Außenpolitik immer deutlicher zwei Grundtendenzen in Erscheinung treten. Im Gegensatz zum Bestreben der aggressiven Kreise, im Arsenal der unmittelbaren Druckmittel auf den Sozialismus und die nationale Befreiungsbewegung internationale Konflikte und Krisen beizubehalten, die bis zu lokalen bewaffneten Konflikten ausgeweitet werden, festigt sich immer mehr die Tendenz, in irgendeiner Form das Prinzip der friedlichen Koexistenz von Staaten unterschiedlicher Systeme anzunehmen. Dieser Tendenz liegt die nüchterne Einschätzung der Evolution des Kräfteverhältnisses der beiden Systeme durch die bürgerlichen Politiker zugrunde, sowie das Streben, die Lehren der für alle Beteiligten vorteilhaften Zusammenarbeit mit den sozialistischen Ländern in Erwägung zu ziehen. Wie der Generalsekretär des Zentralkomitees der KPdSU, L. I. Breshnew, in einer Rede vermerkte, „treten im kapitalistischen Europa immer aktiver und kühner jene Kräfte in Erscheinung, die für eine Lösung der europäischen Probleme auf der Grundlage gegenseitigen Verstehens und des politischen Realismus eintreten".[17]

Dies schafft völlig reale Möglichkeiten, auf prinzipieller Grundlage ziemlich weitreichende und beständige Kontakte mit verschiedenen Schichten und einzelnen Fraktionen politischer Kräfte der kapitalistischen Klasse herzustellen, die so oder anders an einer Lösung der Aufgaben der Normalisierung der internationalen Lage, an der Liquidierung der Folgen des „kalten Krieges", vor allem der internationalen Konflikte, interessiert sind, die auf das Niveau eines bewaffneten Kampfes gebracht wurden oder imstande sind, zu einem solchen Resultat zu führen, die interessiert sind an einer ernsten Festigung des

---

[17] „Prawda", 2. November 1971.

Friedens und der Sicherheit und an der Herstellung einer friedlichen Zusammenarbeit zwischen den Staaten mit unterschiedlicher Gesellschaftsordnung.

Die politischen Ziele der Teilnehmer an einem internationalen Konflikt bestimmen in vielerlei Hinsicht die Wahl der Mittel zu ihrer Erreichung, obgleich hier ernsthafte innerstaatliche und internationale Grenzen für eine solche Wahl und insbesondere für den Einsatz dieser Mittel im Zuge des Konfliktes entstehen.

Die Definierung des Inhaltes eines jeden internationalen Konfliktes muß offensichtlich jedem anderen Stadium der wissenschaftlichen Untersuchung eines internationalen Konfliktes vorausgehen. Darauf darf man sich aber natürlich nicht beschränken. Wie entscheidend und grundlegend das politische Verhältnis in einem Konflikt auch sein mag, es existiert nicht in isolierter Form. Das politische Verhältnis tritt im Verlaufe des Konfliktes gemeinsam mit anderen Verhältnissen auf, wirtschaftlichen, sozialen, ideologischen, militärischen, internationalrechtlichen, diplomatischen usw.

Die Struktur des Konfliktes spiegelt das Netz dieser Verhältnisse wider, indem sie ein gewisses System erstellt, das nur dem jeweiligen internationalen Konflikt eigen ist, der sich unter den gegebenen Bedingungen entwickelt. „Die Menschen leben in einem Staat, jeder Staat aber lebt in einem System von Staaten, zwischen denen ein bestimmtes politisches Gleichgewicht besteht"[18], schrieb W. I. Lenin. Das Studium der den Konflikt charakterisierenden Beziehungen beruht auf dem aus der Lebensgrundlage des jeweiligen Konfliktes erwachsenden System und seiner Struktur.

Die Struktur des internationalen Konfliktes als eigenartiges soziales System – das ist nicht nur die Aufsplitterung in Elemente und ein bestimmter Aufbau, sondern auch die Verbindung und Wechselwirkung eben dieser Elemente, die dialektische Änderung des Charakters ihrer Wechselwirkung, die Entwicklung des Systems im ganzen.

---

[18] W. I. Lenin, Werke, a.a.O., Bd. 31, S. 438.

Strukturelemente eines internationalen Konfliktes können die Teilnehmerstaaten sein, zwischenstaatliche Vereinigungen (Koalitionen, Blöcke, Integrationsmechanismen, internationale Organisationen einschließlich der UNO), die organisatorische Gestaltung der gesellschaftlichen und politischen Kräfte innerhalb der Staaten oder in der internationalen Arena usw. Diese Elemente sind unterschiedlich groß in ihrem Ausmaß, der Stärke und der Effektivität der Einwirkung auf die Entwicklung, den Verlauf und den Ausgang des Konfliktes.

Die Begriffe der „unmittelbaren", „direkten", „hauptsächlichen" und „nebensächlichen" Teilnehmer an diesem oder jenem Konflikt sind äußerst relativ und beweglich. Nicht selten bringt das, was man auf den ersten Blick sieht, das Wesen und die Struktur des jeweiligen Konfliktes nicht oder nur unvollkommen zum Ausdruck. Im Verlaufe des Konfliktes kann sich der Grad der Interessiertheit und der Einbezogenheit anderer Länder ändern, eine Erweiterung der Zahl der Teilnehmer vor sich gehen, ein Austausch der einen „unmittelbaren" Seiten durch andere eintreten.

Die Geschichte des internationalen Konfliktes in Indochina ist ein anschauliches Beispiel für die Veränderung der Struktur und den Wechsel der „handelnden Personen", obwohl dabei das Wesen der imperialistischen Aggression gegen die Völker von Vietnam, Laos und Kambodscha praktisch unverändert bleibt.

Im Zypern-Konflikt darf man nicht alles auf den Kampf der türkischen und griechischen Gemeinden zurückführen. Die Struktur dieses Konfliktes schließt einander bekämpfende Staaten ein wie Griechenland und die Türkei, die direkte, wenn nicht ihrem Charakter nach primäre Teilnehmer am Konflikt sind, ebenso imperialistische Mächte, die am Konflikt direkt interessiert sind – die USA und England, die militärisch-politische Organisation der NATO im ganzen sowie Italien, Frankreich, Länder des Nahen Ostens, Nordafrikas, der Balkan-Halbinsel usw.

Auch der Nahostkonflikt besitzt eine viel kompliziertere Struktur als die Beziehungen der unmittelbar aufeinander stoßenden Seiten – Israels und der arabischen Staaten, die seiner Aggression ausgesetzt sind. „Mit dieser Aggression", – heißt es in den Dokumenten der internationalen Beratung der kommunistischen und Arbeiterparteien des Jahres 1969, – „versuchte der Imperialismus – vor allem der amerikanische –, die fortschrittlichen Regime in den arabischen Ländern zu stürzen, die arabische Freiheitsbewegung zu unterdrücken und seine Positionen im Nahen Osten zu behaupten bzw. wiederherzustellen. Das ist ihm nicht gelungen. Die herrschenden Kreise Israels, die von der Weltreaktion, darunter von den zionistischen Kreisen, unterstützt werden, mißachten jedoch weiterhin die Forderung der arabischen Staaten, der friedliebenden Völker und die Beschlüsse der UNO nach Abzug der israelischen Truppen aus den besetzten Gebieten, setzen die Politik der Expansion und Annexion fort und verüben unablässig neue militärische Provokationen."[19]

Der Konflikt auf der hindostanischen Halbinsel im Jahre 1971 wäre unverständlich geblieben, wenn sich in unserem Bewußtsein seine Struktur auf die beiden Seiten – Indien und Pakistan – beschränkt hätte. Die entscheidende Rolle bei der Entstehung und Entwicklung des Konfliktes bilden jedoch solche Elemente wie die imperialistische Politik der USA, die bestrebt war, im Interesse ihrer Strategie in Südostasien diese beiden Länder gegeneinander aufzuhetzen, die Politik der Maoisten, die das Ziel verfolgten, den Konflikt zu entfachen, ihre gemeinsame Hilfe für die Militärdiktatur Y. Khans beim Versuch, den antiimperialistischen Befreiungskampf des 75-Millionen-Volkes von Bangla Desh zu unterdrücken.

Es besteht eine bestimmte Hierarchie von Strukturelementen eines als System genommenen internationalen Konfliktes. In Übereinstimmung damit wird das ganze System in Untersysteme aufgesplittert, welche die primären Strukturelemente vereinigen. Aber die Wechselwirkung der Elemente innerhalb des gesamten Systems entwickelt sich nicht unbedingt streng hierarchisch, nur in ihrer ein für allemal fixierten „Ebene", auf ihrem Untersystemniveau. Das eine oder andere Element eines der

---

[19] Dokumente der internationalen Beratung der kommunistischen und Arbeiterparteien, Moskau, Politisdat, 1969, S. 290.

Untersysteme kann in Wirklichkeit in Wechselwirkung mit irgendeinem Element des Systems als ganzes treten, das heißt mit einem Untersystem als Einheit, auf einem anderen Niveau. Eine Analyse der Struktur eines internationalen Konfliktes erfordert nicht die Erörterung aller überhaupt denkbaren und sogar undenkbaren Wechselwirkungen sämtlicher Elemente, sondern ein konzentriertes Studium der unerläßlichen und ausreichenden Wechselwirkungen (Beziehungen), welche den Charakter und das Funktionieren des jeweiligen internationalen Konfliktes als bestimmtes System definieren.

Man muß dem Rechnung tragen, daß ein beliebiges ausgewähltes Schema unweigerlich eine doppelte Vergröberung des überaus komplizierten und widerspruchsvollen, sich entwickelnden „beweglichen" Bildes des realen internationalen Konfliktes darstellt: erstens reproduziert ein solches beliebig gezeichnetes, „fixiertes" System mit seiner Struktur nur annähernd, mit größerer oder kleinerer Simplifizierung die Realität und Dialektik des internationalen politischen Prozesses; zweitens vereinfacht die „Typenzeichnung" ihrerseits die „ungefähren" Schemata, indem sie sie vom Original entfernt. Dennoch gibt dies irgendeine Vorstellung von der wahren Struktur des internationalen Konfliktes und von der Methode der Strukturierung des Konfliktes als System im Zuge seiner Untersuchung.

Selbstverständlich kann eine Analyse der ungemein komplizierten, wechselseitig verflochtenen Struktur des internationalen Konfliktes nicht improvisiert und ungeordnet sein. In diesem Sinne bestimmt ein wissenschaftlicher Aufbau des Systems und der Struktur eines jeden realen internationalen Konfliktes in gewissem Maße das System und die Struktur seiner Untersuchung und schafft die notwendige und stabile Verbindung zwischen dem Objekt, dem Charakter und der Methode seiner Untersuchung.

Offensichtlich sollte man den Weg der Analyse vom „Kern" des internationalen Konfliktes, seinen unmittelbaren Teilnehmern (bezeichnen wir sie mit X und Y) zu seiner bedingt ausgedrückten „Peripherie" wählen.

Auf diese Weise werden vor allem die Beziehungen innerhalb

der Untersysteme der Teilnehmer X und Y in ihrer Entwicklung und Wechselwirkung untersucht, selbstverständlich nicht überhaupt, sondern unter dem Gesichtswinkel des jeweiligen internationalen Konfliktes.

Dann erörtert man die Beziehungen in den Untersystemen der Blöcke und der Verpflichtungen, durch welche die Teilnehmer am Konflikt X und Y gebunden sind, und auf diese Weise (oder nebenbei) ihre Beziehungen zu den großen Weltmächten.

Der nächste logische Schritt wäre die Einführung der Beziehungen der Konfliktteilnehmer zu anderen Staaten, die bestimmte Interessen und Ziele im Konflikt haben, in die historische und systematisch-strukturelle Analyse des jeweiligen internationalen Konfliktes der Untersysteme.

In einer weiteren Etappe wäre es zweckmäßig, die Beziehungen hinzuzufügen, welche vom Untersystem anderer internationaler Konfliktsituationen verkörpert werden, an denen die Staaten X und Y, die größten Mächte und andere Staaten teilnehmen (oder bestimmte Interessen haben).

In der (bedingten) letzten Etappe sollte man die Beziehungen im Untersystem der internationalen Organisationen (UNO) in Verbindung mit dem jeweiligen Konflikt erörtern.

Einige Forderungen, die den Determinismus im internationalen Konflikt charakterisieren, erweisen sich bei einer solchen Analyse als kategorisch:

1. Bei der Untersuchung einer einzelnen Beziehung darf man gleichzeitig keine einzige der früher erörterten oder zur Erörterung vorgesehenen Beziehungen aus dem Blickfeld verlieren, man darf nicht nur von einem Teil, sondern muß vom Ganzen ausgehen;

2. diese Beziehungen sind nicht statisch wie bei einer Momentaufnahme zu erörtern, sondern in der Bewegung, in der Entwicklung;

3. man muß vom dialektisch veränderlichen Charakter dieser Beziehungen ausgehen, von den Möglichkeiten der kleinen oder prinzipiellen, allmählichen oder plötzlichen Umgestaltungen, bis zu dem Moment, da sie sich im Verlauf der Entwicklung in ihr Gegenteil verwandeln.

Die Entwicklungsphasen des internationalen Konfliktes

Das Prinzip des Historismus im Herangehen an den internationalen Konflikt als an einen Prozeß offenbart sich am deutlichsten gerade in der Untersuchung der konkreten Phasen (oder Stadien) seiner Entwicklung. Wenn wir den internationalen Konflikt als einen Prozeß erörtern, so ist die Aufdeckung des Mechanismus eines solchen Prozesses das Wesen der Analyse der historischen Zustände eines solchen Konfliktes. Zugleich gestattet die Aufgliederung in Phasen der praktischen Entwicklung, neue Grenzen des internationalen Konfliktes als System mit einer ihm eigenen Struktur zu erblicken. Letzten Endes offenbart das auch den Typus des Konfliktes, mit dem die Entwicklung der Phasen direkt verbunden ist.

Die Entwicklungsphasen sind keine abstrakten, von bedingten Rahmen bestimmten Zeitabschnitte, in denen sich der Konflikt entwickelt. Sie werden durch konkrete Parameter bestimmt, die sich auf die Veränderungen des Zustandes, der Ziele und der Mittel der Teilnehmer am Konflikt, der Ausmaße und der Intensität der Entwicklung des Konfliktes, auf die Einbeziehung neuer Teilnehmer, auf die internationalen Bedingungen sowie auf einige andere Momente beziehen. Jede Phase des Konfliktes besitzt ihren Inhalt und ihre Struktur, die selbstverständlich den allgemeinen Inhalt und die allgemeine Struktur des jeweiligen Konfliktes widerspiegeln. In den Phasen offenbart sich der historische und der soziale Determinismus der Entwicklung des internationalen Konfliktes.

Das wissenschaftliche marxistisch-leninistische Herangehen an die Phasen der Entwicklung, an die genetischen und an die Ursache-Folge-Charakteristika des internationalen Konfliktes, hat jedoch nichts gemein mit einer fix vorprogrammierten, fatal bis zum „logischen Ende" vorherbestimmten Einteilung in Stadien, die in einigen westlichen Arbeiten über internationale Konflikte enthalten sind und die ihren dem Wesen nach metaphysischen und der politischen Idee nach provokatorischen höchsten Ausdruck in den 44 Stufen der „Eskalation" des Herman Kahn gefunden haben, die unerbittlich im „thermonuklearen Spasmus" gipfelt.

Hier ist eine Schablone am wenigsten am Platz, die bei Naturvorgängen oder technischen Prozessen vielleicht anwendbar, beim Herangehen an solche komplizierten und veränderlichen sozial-politischen Prozesse wie die internationalen Beziehungen und ihren häufigen Fall – den internationalen Konflikt – aber gefährlich ist. Im Prinzip gibt es eine gewisse historisch herausgebildete Grundlinie der Entwicklung des internationalen Konfliktes mit einem System und einer Konsequenz bestimmter Entwicklungsphasen. Zugleich kann der internationale Konflikt entsprechend seiner Natur und seinem Charakter, den Interessen und Zielen der Teilnehmer, den internationalen Entwicklungsbedingungen, den angewandten Mitteln und schließlich der individuellen Entwicklung die unterschiedlichsten, darunter auch nicht unbedingte, „nicht-standardisierte" und nicht vorhersagbare Phasen durchlaufen.

In dieser oder jener Phase können praktisch das eine oder andere oder sogar mehrere der ihr gewöhnlich innewohnenden Merkmale fehlen. Einige Phasen – zu Beginn, in der Mitte oder am Ende der Entwicklung – können in der Tat vollkommen ausfallen und in der Standardentwicklung dieses oder jenes konkreten Konfliktes eine „Bresche" schlagen. Andererseits können „unerwartete" Phasen auftreten und das übliche Bild deformieren. Konfliktphasen können ineinanderfließen oder, umgekehrt, in kleinere Teile zerfallen. Die Entwicklung kann in aufsteigender Linie von Phase zu Phase verlaufen, aber auch zu einer „Abweichung", zu einer „Senkung" des Niveaus für eine bestimmte Frist führen und die nächste Niveaustufe nicht erreichen.

Bei der Untersuchung der Phasen eines internationalen Konfliktes ist es jedoch zweckmäßig, einige ständig (oder fast ständig) vorhandene Gruppen von Parametern abzusondern, in denen Veränderungen vor sich gehen, welche zur Umwandlung einer Phase in eine andere führen. Die Konfliktphasen sind unserer Ansicht nach „große Blöcke", die man, wenn sich dazu die praktische Notwendigkeit ergibt, auch in kleineren Teileinheiten darstellen kann.

Der „normale" Verlauf der Phasen eines internationalen Konfliktes, der der nach der theoretischen Analyse „ausgerichteten" konkret-historischen Entwicklung solcher Konflikte in der jüngsten Vergangenheit und in der Gegenwart entspricht, beginnt mit der eigentlichen Grundlage und der Vorgeschichte des Konfliktes, – den wirtschaftlichen, politischen und sonstigen Widersprüchen, auf deren Boden der Konflikt entstanden ist und sich entwickelt hat. Aber wahrscheinlich sollte man diese Widersprüche nicht nur auf irgendeine Anfangsphase des Konfliktes selbst beziehen. Sie sind im Verlaufe des ganzen Konfliktes vorhanden und „arbeiten".

Die erste Phase ist offensichtlich die auf der Grundlage bestimmter wirtschaftlicher und politischer Interessen, die in der internationalen Arena aufeinanderstoßen, herausgebildete politische sowie wirtschaftliche, ideologische, international-rechtliche und diplomatische Beziehung der Seiten anläßlich des jeweiligen Widerspruches oder einer Gruppe von Widersprüchen, die sich in mehr oder minder ausgeprägter Konfliktform äußert.

Die zweite Phase des Konfliktes ist die Bestimmung der Ziele, der Strategie und Formen des Kampfes der Parteien zwecks Lösung der vorhandenen Widersprüche unter Berücksichtigung der internen und der internationalen Situation, des Potentials und der Möglichkeiten der Anwendung friedlicher und nichtfriedlicher Mittel. Dem entspricht ein System wechselseitiger praktischer Handlungen, die den Charakter von Kampf und Zusammenarbeit tragen, mit dem Ziel, die Widersprüche im Interesse einer jeden Seite oder zumindest auf der Grundlage eines Kompromisses zwischen ihnen zu lösen.

Die dritte Phase ist durch die Einbeziehung anderer Staaten (über Verträge, Blockvereinbarungen, die UNO) in den Kampf der unmittelbar am Konflikt beteiligten Parteien gekennzeichnet. Dadurch kompliziert sich das System der politischen, wirtschaftlichen, ideologischen, international-rechtlichen, diplomatischen und sonstigen Beziehungen.

Die vierte Phase ist das Anwachsen des Kampfes bis auf das akuteste politische Niveau — ist die internationale politische Krise, die die Beziehungen der unmittelbaren Teilnehmer, der Staaten der jeweiligen Region, der Staaten verschiedener Regionen, der größten Weltmächte erfassen, die Einbeziehung der UNO hervorrufen kann und schließlich ihrem Charakter und den Folgen nach zum Weltkonflikt wird.

Die fünfte Phase der Entwicklung eines Konfliktes ist der sich aus den Zielen und der Strategie ergebende bewußte Übergang einer Seite zur praktischen Anwendung militärischer Gewalt zu demonstrativen Zwecken oder in beschränktem Ausmaß auch mit dem Ziel, die Gegenseite zur Befriedigung der Interessen zu zwingen, welche im jeweiligen Konflikt von dem Staat erhoben werden, der zu den Maßnahmen des militärischen Druckes gegriffen hat.

Die sechste Phase ist der internationale bewaffnete Konflikt, der mit einem beschränkten Konflikt beginnt (Einschränkung in den Zielen, dem erfaßten Territorium, dem Ausmaß und dem Niveau der kriegerischen Handlungen, den angewandten militärischen Mitteln). Er ist imstande, sich unter bestimmten Umständen auf höhere Niveaus des bewaffneten Kampfes zu entwickeln unter Anwendung moderner Waffen und mit möglicher Einbeziehung von Bündnispartnern einer oder beider Seiten, ohne die größten Weltmächte oder mit ihnen.

In jeder beliebigen Phase kann ein alternativer, nicht eskalierender, sondern de-eskalierender Zug der Entwicklung beginnen, der sich in einer Phase des friedlichen Sondierens und eines Waffenstillstandes in den militärischen Operationen, in Verhandlungen über eine Abschwächung oder Einschränkung des jeweiligen Konfliktes verkörpert.

Die nächste Phase einer derartigen Alternativentwicklung kann eine Abschwächung, ein „Einfrieren" oder sogar die Beilegung des Konfliktes auf der Grundlage eines Kompromisses zwischen den beiden Seiten bedeuten. Aber von einer solchen Phase aus ist unter bestimmten Voraussetzungen in irgendwelchen folgenden Etappen auch ein neuer Zyklus der Entwicklung des Konfliktes möglich – vom friedlichen zum bewaffneten –, wenn die Grundwidersprüche nicht zur Gänze und für immer beseitigt werden.

Die mögliche Entwicklung eines internationalen Konfliktes etwa graphisch oder in Form einer Tabelle darzustellen, ist außerordentlich schwer. Alles hängt hier vom Typus des Konfliktes ab, von seinem konkret-historischen Charakter und vom Verlauf der Entwicklung. Ein einliniges Schema von der Art der „Eskalation" H. Kahns[20] kann nicht die Kompliziertheit der realen Entwicklung des Kampfes und der Zusammenarbeit der Parteien im Konflikt, der praktischen Möglichkeiten, der Unterschiedlichkeit ihrer Ziele und Strategie, der Anwendung der vielfältigen friedlichen und militärischen Mittel, des Grades der Einbeziehung anderer Teilnehmer und der Zusammenarbeit im jeweiligen Konflikt und schließlich der unmittelbaren Entwicklung des militärischen Konfliktes wiedergeben.

All das beweist erneut die unzertrennliche dialektische wechselseitige Verbindung von Typus, Inhalt und Struktur der Entwicklungsphase des internationalen Konfliktes, in seiner historischen Bedingtheit, mit den tiefreichenden wirtschaftlichen, klassenmäßigen und sozialen Ursachen, die jedem beliebigen internationalen Konflikt und jedem seiner zu berücksichtigenden Charakterzüge zugrunde liegen. Nur die Berücksichtigung aller genannten Elemente gewährleistet eine theoretische und methodologische Basis für die Untersuchung von konkret-historischen internationalen Konflikten der Gegenwart.

Viele tiefgreifende Tendenzen der internationalen Beziehungen, die den Inhalt, Verlauf und Ausgang einiger internationaler Konflikte bestimmen, werden heute mit Recht als günstig für die Sache des Friedens und die des Sozialismus betrachtet. Aber sie entwickeln und realisieren sich nicht von sich aus, automa-

---

[20] H. Kahn, Eskalation, Frankfurt/M. 1970 (Ullstein Taschenbuch 2792).

tisch, nur kraft der ihnen innewohnenden Gesetzmäßigkeiten. Marxisten-Leninisten können sich nicht auf eine spontane Entwicklung der internationalen Politik, insbesondere der internationalen Konflikte verlassen. Es bestehen Voraussetzungen für eine wissenschaftlich begründete, zielstrebige und planmäßige Einwirkung auf die internationalen politischen Prozesse seitens des Sowjetstaates und der sozialistischen Gemeinschaft. Das Leben zeigt die Notwendigkeit und Möglichkeit einer Stimulierung bestehender oder möglicherweise entstehender objektiver Tendenzen, der Unterstützung der Entwicklung dieser Tendenzen in der nötigen Richtung mit allen im Weltsystem des Sozialismus vorhandenen Mitteln auf.

Die beharrliche systematische internationale Tätigkeit der KPdSU und des Sowjetstaates hat bereits dazu geführt, daß Verhandlungen und nicht Spaltung und gegenseitige Entfremdung, die Entwicklung der internationalen Zusammenarbeit und nicht die Eskalation eines internationalen Konfliktes in Richtung auf einen bewaffneten Zusammenstoß, in den Augen unserer Generation zu einer neuen Gesetzmäßigkeit im internationalen Leben auf dem europäischen Kontinent werden. Im Verlauf der sowjetisch-amerikanischen Unterredungen im Mai 1972 kamen die Seiten überein, alles nur Mögliche zu unternehmen, um militärische Konfrontationen zu vermeiden, die Entstehung eines Nuklearkrieges zu verhindern und Unstimmigkeiten auf friedlichem Wege beizulegen.

Dem Ziel des Kampfes für die Beseitigung der Hauptursachen gefährlicher potentieller internationaler Konflikte ist die aktive Tätigkeit der UdSSR zugunsten der Einberufung einer gesamteuropäischen Beratung, der Liquidierung der Militärblöcke und der Schaffung eines Systems der kollektiven Sicherheit untergeordnet.

Dmitrij Jermolenko

Zur Frage der Methodologie der Erforschung internationaler Konflikte

Ich gehöre zu den Optimisten und glaube an die Kraft der menschlichen Vernunft. Ich möchte dies heute besonders im Hinblick darauf unterstreichen, daß der wissenschaftlich-technische Fortschritt bei einzelnen Wissenschaftlern (meiner Meinung nach völlig grundlos) Mißtrauen gegenüber der menschlichen Vernunft auslöst. Die Elektronenrechner und andere gigantische Errungenschaften sind wohl doch ein Resultat der vorwärtsschreitenden Bewegung des menschlichen Denkens. Und die Kraft dieser Maschinen sowie die Kraft des menschlichen Gehirns, das sie hervorgebracht hat, müssen zum Wohl der Menschheit verwendet werden.

Wir vermerken mit Genugtuung die positiven Wandlungen in der internationalen Lage und glauben, daß sich diese Wandlungen vertiefen werden und daß der Tag der Entstehung eines europäischen Sicherheitssystems und danach auch anderer regionaler Sicherheitssysteme nicht fern ist.

Selbstverständlich reichen die Bemühungen der sozialistischen Länder allein nicht aus, diese Ziele zu verwirklichen. Hierfür sind die Bemühungen aller Völker der Erde erforderlich. Eine wichtige Rolle bei der Klärung der Bedeutung dieser Bemühungen gebührt zweifellos den Wissenschaftlern, besonders denjenigen, die sich eigens der wissenschaftlichen Analyse der Fragen des Kampfes für einen dauerhaften Frieden auf der Erde gewidmet haben und die aktiv an Schritten mitwirken, welche auf die Sicherung eines derartigen Friedens abzielen.

In der Sowjetunion führen zahlreiche Wissenschaftler theoretische und angewandte Untersuchungen zur Erforschung des Friedenskampfes auf der Erde durch. Ich gehöre zu jenen Wissenschaftlern, die von der Soziologie her in dieses Forschungsgebiet getreten sind, und möchte einige meiner Überlegungen hinsichtlich der Methodologie und der Methodik der Untersuchung internationaler Konflikte formulieren.

Meiner Meinung nach ist die Erforschung der internationalen Konflikte vor allem eine Aufgabe der Soziologie der internationalen Beziehungen, die die allgemeinen und besonderen Gesetzmäßigkeiten der internationalen Beziehungen untersucht. Gleichzeitig bilden die internationalen Konflikte auch ein Forschungsobjekt verschiedener anderer Fachgebiete. An der Analyse derartiger Konflikte beteiligen sich Wissenschaften wie die Internationalen Beziehungen, Völkerrecht, Politische Ökonomie, Sozialpsychologie usw. Daher erfordert die analytische Untersuchung der Fragen der gegenwärtigen internationalen Konflikte eine umfassende Kooperation von Forschern der verschiedensten Wissensbereiche, wobei die Soziologie der internationalen Beziehungen als Basiswissenszweig dient.

Als Vertreter der marxistisch-leninistischen Wissenschaft möchte ich meine Meinung über die besonderen Vorzüge des Marxismus-Leninismus für das Verständnis aller gesellschaftlichen Erscheinungen, auch der internationalen Konflikte, darlegen, da der Marxismus-Leninismus die objektive Behandlung jeder beliebigen Frage mit der Verteidigung der Klasseninteressen der breiten werktätigen Massen verbindet.

Schon als auf dem VI. Soziologen-Weltkongreß in Evian 1966 nach dem internationalen Konflikt als gesellschaftlicher Erscheinung gefragt wurde, wurde der meiner Meinung nach sehr geistreiche Gedanke geäußert, die Erforschung des Konflikts könne selbst zu einer Konfliktsituation führen. Kein Wunder, daß Leidenschaften entbrennen, daß unausbleiblich entgegengesetzte Ansichten aufeinanderprallen, wenn das wissenschaftliche Denken die gegenwärtigen internationalen Konflikte analysiert.

Besonders wichtig wird unter diesen Bedingungen die Ausarbeitung wissenschaftlicher Kategorien und Prinzipien, die mit der Erforschung des Konflikts als Kategorie, von Konfliktsituationen, Bedingungen und Methoden für die Lösung dieser Situationen usw. in Verbindung stehen.

Die wissenschaftliche Analyse der Konflikte und Konfliktsituationen sieht folgende Hauptelemente vor:
1. Anwendung der allgemeinen Methodologie,
2. Aufstellung der Typologie,
3. Ausarbeitung besonderer Forschungsmethodiken,
4. konkrete Analyse konkreter Konfliktsituationen,
5. Ausarbeitung möglicher praktischer Vorschläge.
Jedes dieser Elemente ist von großer wissenschaftlicher und praktischer Bedeutung und verdient eine sehr aufmerksame Untersuchung.

1. Die allgemeine Methodologie

Von außerordentlicher Bedeutung ist der allgemeine Ansatz, die allgemeine Position, von der aus die Analyse des Konflikts vorgenommen wird. Man kann nämlich irgendeinen Konflikt ganz eng und losgelöst von den allgemeinen ökonomischen, sozialen, politischen und ideologischen Problemen und Aspekten untersuchen. In diesem Fall wird der Ansatz eng und beschränkt sein und zu keinem umfassenden Verständnis des Wesens und der tiefen Ursachen des Konflikts führen können.

Von diesem Standpunkt aus erscheint das Bestreben als ganz unbefriedigend, einen Konflikt nur durch spezielle Ursachen zu erklären und den Konflikt automatisch aus diesem oder jenem Anlaß abzuleiten, ohne zu den wesentlichen Ursachen vorgestoßen zu sein. Derartige Erklärungen eines Konflikts leiden darunter, daß ihnen eine Methodologie fehlt, und sie sind nicht imstande, das tatsächliche Bild der Wirklichkeit ergründen zu helfen.

Es gibt jedoch auch Versuche, eine umfassende Methodologie auf einer falschen theoretischen Grundlage aufzubauen. So ist man mitunter bemüht, einen Konflikt aus einem einzigen Faktor abzuleiten. Besonders häufig ist dabei der Wunsch, dies auf dem Fundament sozial-psychologischer Faktoren zu vollbringen. Die sozial-psychologischen Beweggründe spielen freilich eine wichtige Rolle bei der Entstehung und Entwicklung von Konflikten.

So bedeutend aber auch der sozial-psychologische Beweggrund sein mag, er kann die Handlungen der Menschen in einem Konflikt nicht vollständig erklären, er kann die Ursachen, die Dynamik und die Verfahren zur Lösung des Konflikts nicht erklären.

Offenbar reicht eine einseitige, geradlinige Interpretation für ein Verständnis des Wesens und der Beschaffenheit der Konflikte gar nicht aus. Hier ist ein umfassender und allseitiger Ansatz erforderlich. Einen derartigen Ansatz kann wohl, wie mir scheint, die marxistisch-leninistische Wissenschaft von der Gesellschaft geben, die Wissenschaft, die zeigt, daß dem gesellschaftlichen Leben die Produktionsverhältnisse (als wirkliche Basis der Gesellschaft) zugrunde liegen, die sich auf die Produktivkräfte stützen, daß eine starke Triebkraft des gesellschaftlichen Lebens der Klassenkampf ist und daß dieser Kampf letzten Endes zur Errichtung einer klassenlosen Gesellschaft, einer Gesellschaft ohne Ausbeuter führt. Die marxistisch-leninistische Wissenschaft von der Gesellschaft läßt die echten Gesetzmäßigkeiten der gesellschaftlichen Entwicklung entdecken, die Triebkräfte dieser Entwicklung erkennen, das Wesen und den Charakter der gegenwärtigen internationalen Konflikte ermitteln und realistische Wege zu ihrer Lösung finden.

Somit umfaßt die Methodologie die allgemeinen Prinzipien, den Ansatz zur Analyse der gesellschaftlichen Erscheinungen, von Konflikten als Kategorie und Konfliktsituationen, die allgemeinen Prinzipien der Ausarbeitung einer Typologie und die allgemeinen Prinzipien der Untersuchung der konkreten Wege zur Lösung der Konfliktsituationen.

Die Methodologie der Erforschung der gesellschaftlichen Erscheinungen sieht in der marxistisch-leninistischen Auffassung eine materialistische Interpretation der Natur- und Gesellschaftserscheinungen und eine dialektische Einstellung zu ihrer Untersuchung vor.

Die Methodologie ist nicht identisch mit der Methodik, die eine Gruppe konkreter Forschungsverfahren umfaßt und empirischer ist.

2. Die Typologie

Auf der Grundlage der Methodologie kann man bei einer Untersuchung dieser oder jener konkreten Situation der Gegenwart oder Vergangenheit versuchen, eine allgemeine Definition des Konflikts zu geben (wie dies von W. W. Shurkin versucht wurde) und auch zu bestimmten Verallgemeinerungen der Typen der internationalen Konflikte in der gegenwärtigen Gesellschaft zu kommen. Dieter Senghaas versuchte meiner Meinung nach, derartige Typen ihrer Form nach geographisch festzulegen, indem er sie als „Nord-Süd"-, „West-Ost"-Konflikte usw. bezeichnete. Der aufmerksame Leser wird dabei leicht entdecken können, daß er in Wirklichkeit nicht an die Geographie, sondern an bestimmte soziale Systeme denkt, die einander in der gegenwärtigen Welt gegenüberstehen. Obgleich die geographische Lage dieses oder jenes Landes, dieses oder jenes Volkes tatsächlich von großer Bedeutung ist, sind die sozial-ökonomischen Kräfte für den Typ eines Konflikts ausschlaggebend.

Von diesem Standpunkt aus könnte man die Hauptgruppen der gegenwärtigen internationalen Widersprüche folgendermaßen systematisieren:

a) die Widersprüche zwischen dem kapitalistischen und dem sozialistischen Weltsystem;

b) die Widersprüche zwischen dem kapitalistischen Weltsystem und den Ländern, die den Weg der selbständigen Entwicklung betreten und sich von der kolonialen Abhängigkeit befreien;

c) die Widersprüche zwischen den kapitalistischen Ländern.

Außerdem können auch andere Gruppen von Widersprüchen entstehen. Die drei aufgezählten Gruppen sind aber für die gegenwärtige internationale Lage am wichtigsten. Mit ihrer Zuspitzung lösen sie Konfliktsituationen aus; auf dem Boden dieser Widersprüche brechen Konflikte aus, die größere oder kleinere Komplikationen in der internationalen Lage hervorrufen und mehr oder weniger internationale Resonanz finden.

Bei der Aufstellung einer Typologie muß man vor allem die soziale und klassenmäßige Beschaffenheit des entstehenden internationalen Konflikts bestimmen. Das hilft bei der Ermittlung, ob ein Konflikt aufgrund eines tiefen antagonistischen Widerspruchs entstanden ist oder durch an der Oberfläche liegende aufgeschichtete Beweggründe verursacht wurde, die keine tiefen wesentlichen objektiven Ursachen haben.

Das zweite Element ist meiner Ansicht nach die Definition des Charakters des Konflikts und der Widersprüche auf der Grundlage des ersten Schritts, auf deren Fundament sich dieser Konflikt entfaltet.

Das dritte Element ist die Ermittlung der Ursachen des Konflikts und die Analyse ihres Grads an Wichtigkeit und Bedeutung. Die Differenzierung der Ursachen läßt die Hauptursachen, die wesentlichen Ursachen, die nächsten und die Endursachen (causa finalis), die unmittelbaren Ursachen und den Anlaß absondern. Dank dieser Differenzierung kann man eine Typologie der Kausalitäten im Konflikt aufstellen, sich die mögliche Motivierung besser vorstellen und klären, was im Konflikt grundsätzlich und ernst ist und was weniger schwer wiegt, aber zu einem ernsten Problem werden kann, wenn man es nicht rechtzeitig eindämmt.

Das vierte Element schließlich besteht darin, die möglichen Richtungen zur Lösung des Konflikts und die Wege zu seiner schrittweisen Abschwächung zu bestimmen.

Bei der Ausarbeitung jeder beliebigen Typologie ist es sehr wichtig, die quantitativen und qualitativen Elemente, die Form und den Inhalt im Konfliktprozeß zu unterscheiden. Daher darf man bei der Ausarbeitung der formalen Strukturen, die in wissenschaftlichen Forschungen unerläßlich sind, nicht von den qualitativen grundlegenden, klassenmäßigen Ursachen abgehen, die diesen oder jenen Konflikt hervorbringen.

Man darf auch nicht davon abstrahieren, wer recht und wer schuld hat, und die Frage nicht vernachlässigen, wer der Aggressor, wer der Unterdrücker, wer der Provokateur usw. ist. Wenn man dafür eintritt, daß die Konflikte auf friedlichem Wege gelöst werden, darf man keineswegs Vorschläge für die

Regelung oder Kanalisierung des Konflikts ohne Hinblick darauf ausarbeiten, wer der Aggressor, wer der Unterdrücker usw. ist.

3. Die Methodik der Untersuchung

Nachdem für die Untersuchung der Konflikte und Konfliktsituationen die allgemeinen methodologischen Prinzipien ausgearbeitet worden sind, die den allgemeinen Ansatz des Wissenschaftlers bestimmen, müssen die speziellen Methodiken der Erforschung aufgestellt und angewandt werden.
Auf der Grundlage der allgemeinen Methodologie muß man die materiell-technische Basis der in den Konflikt einbezogenen Staaten, ihre Wirtschaftsordnung, ihr soziales System, ihre politische Organisation und die Struktur des gesellschaftlichen Bewußtseins auf ideologischem und sozial-politischem Niveau in Betracht ziehen. Zu berücksichtigen sind außerdem die ideologischen und sozial-psychologischen Orientierungen und Zielsetzungen der herrschenden Klassen, ihrer einzelnen sozialen Gruppen, die Stärke des Widerstands der unterdrückten Klassen gegen die Ausbeutung in den antagonistischen Gesellschaftsformationen, die Konkurrenz der Gruppierungen der herrschenden Klassen in diesen Gesellschaften (für die fortschrittlichen Kräfte in der Welt ist es bei weitem nicht gleichgültig, welche Gruppierung, die aggressivere oder die gemäßigte, in diesen oder jenen kapitalistischen Ländern zur Macht kommt) und viele andere Elemente.
Die speziellen Untersuchungsverfahren umfassen viele Errungenschaften der heutigen Wissenschaft. Dazu gehören die Analyse, die Synthese, die Induktion, die Deduktion und vieles andere.
Umfassende Perspektiven eröffnen sich unserer Meinung nach für die Aufstellung formalisierter analogischer Modelle der Wirklichkeit und für die Unterbreitung praktischer Erwägungen und Vorschläge auf der Basis ihrer Untersuchung (natürlich mit Hilfe der Möglichkeiten der Mathematik). Es handelt sich mit anderen Worten um die Möglichkeit einer umfassenden An-

wendung der Modell-Bildung zur Untersuchung der Konflikt- und Krisensituationen. Dabei kann dieses Verfahren als eigentliche Modell-Bildung (die Handlungen des Menschen und der Daten-Verarbeitungsanlage werden im voraus durch vorher bestimmte Vorschriften streng festgelegt), als simulierendes Spiel (dabei werden nur die Handlungen eines Elements des Modells – entweder des Menschen oder der Maschine – streng bestimmt) oder als Entwicklung intuitiver Handlungsfolgen verwirklicht werden.

Die Anwendung der mathematischen Methoden läßt Gradmesser der Möglichkeit für die Erweiterung des Konflikts aufstellen und verfolgen, wie ein bestimmter Schritt der einen Seite einen entsprechenden Gegenschritt der anderen auslösen und wohin dies in der Perspektive führen kann.

Alle drei Stufen der Modell-Bildung haben ihre Mängel und Beschränkungen in der Anwendung. In allen Fällen ist die Möglichkeit der „Willkür" des Modellberechners, des Einflusses seiner politischen, ideologischen und sozial-psychologischen Zielsetzungen (wenn er ein Anhänger der bürgerlichen Weltanschauungen ist) auf seine wissenschaftliche Gewissenhaftigkeit groß genug und erreicht besonders große Ausmaße bei der Aufstellung der Handlungsfolgen.

Dies ist besonders zu unterstreichen, denn gegenwärtig herrschen an einer Reihe von Universitäten und wissenschaftlichen Zentren, vor allem in den USA, eine unbestreitbare Überschätzung der Bedeutung der Anwendung formalisierter Methoden und das Bestreben vor, die analytische Kraft der menschlichen Vernunft durch diese Methoden zu ersetzen. In Wirklichkeit aber bilden die Methoden der Formalisierung und überhaupt die Anwendung der Mathematik ein zwar wichtiges, aber doch nur ein Hilfsmittel bei der Untersuchung der Konflikte. Betrachtet man diese Methoden von diesem Standpunkt aus, so werden sie tatsächlich großen Nutzen bringen. Andernfalls werden sie zu einer Loslösung der Form vom Inhalt und zur Aufstellung falscher Modelle der Wirklichkeit führen, was schwere Folgen nach sich ziehen kann, wenn die Praktiker auf die gewonnenen Resultate zurückgreifen. Hier darf man auch an einer höchst gefährlichen Tendenz nicht vorübergehen, die von einigen wissenschaftlichen Forschungszentren in den kapitalistischen Ländern entwickelt wird und in Versuchen zum Ausdruck kommt, den Eintritt von internationalen Krisensituationen zu planen, in diesen Situationen „das zulässige Risiko" einzukalkulieren und Rezepte zu einem entsprechenden Balancieren am Rande höchst gefährlicher Folgen aufzustellen. Man darf unter anderem auch die Augen nicht davor verschließen, daß die „Gewinnmatrizen", die von einigen amerikanischen Spezialisten für außenpolitische Konfliktsituationen aufgestellt werden, das amerikanische Volk an eine „zulässige" Eskalation der Kriege und an das Risiko der Verwandlung aggressiver Kriege und Krisen, die vom Imperialismus entfesselt werden, in einem Weltkrieg, gewöhnen sollen. Da war zum Beispiel die berühmte Leiter von Herman Kahn, die einige Journalisten als „44 Stufen auf dem Weg zur Hölle" bezeichneten. In dieser Konstruktion versicherte Professor Kahn der Menschheit, daß man kaltblütig eine Steigerung des Risikos durch eine Eskalation des Konflikts planen könne. In einer bestimmten Etappe vor dem „schrecklichen Kampf" könne man ja immer die Eskalation zum Stillstand bringen und sogar eine gewisse De-Eskalation durchführen. Ein derartiges Schema (man hat den Eindruck, als ob Professor Kahn es nach der Reaktion der Weltöffentlichkeit nicht mehr allzu sehr propagiert) geht davon aus, daß beide Seiten streng rational handeln und in jeder Etappe das „zulässige Risiko" bis in die kleinsten Einzelheiten abwägen und kalkulieren. Mehr noch, es ist im Grunde genommen darauf berechnet, daß der mächtige Imperialismus der USA (dessen Interessen H. Kahn vertritt) Konflikte in der Welt schüren und die Gegenseite dabei mit der Drohung der Eskalation einschüchtern will. Ein objektiver wissenschaftlicher Forscher lehnt eine derartige Methodik natürlich ab.

Die Formalisierung kann im Gegenteil bei einem streng wissenschaftlichen Ansatz helfen, eine systematische Stufenleiter der Konfliktsituationen aufzustellen (Meinungsverschiedenheiten, Reibungen, Spannung, Zwischenfall, Zusammenstoß, Abbruch der diplomatischen Beziehungen, Abbruch der ökonomischen

Beziehungen, Boykott, Kriegshandlungen usw.), eine annähernde Berechnung der Folgen einiger Handlungen in Konflikten vorzunehmen und auf dieser Grundlage praktische Vorschläge zur Verringerung der Spannung in den Konfliktsituationen auszuarbeiten.
Die speziellen Methodiken müssen ferner ein reiches Arsenal prognostischer Forschungsverfahren enthalten. Die sich entfaltende wissenschaftlich-technische Revolution, das zunehmende Tempo der sozialen Erneuerungen und eine Reihe anderer Faktoren haben das Interesse der Menschheit für ihre Zukunft und die Entwicklungsperspektiven stark erhöht. Die Zunahme der Konflikt- und Krisensituationen kann die Menschheit zu einer Gesellschaft ohne Zukunft machen. Dies sehen jetzt immer mehr Menschen ein. Daher muß man die einfache und die komplizierte Extrapolation, die Interpolation, die Aufstellung von prognostischen Modellen und andere Methodiken der prognostischen Erforschung weitgehend bei der Untersuchung der Krisen- und Konfliktsituationen anwenden.

4. und 5.
Die konkrete Analyse der konkreten Konfliktsituationen und die Ausarbeitung möglicher praktischer Vorschläge

Die Lösung der internationalen Konflikte ist heute noch ein Problem; pessimistische Ansichten über ihre Unvermeidbarkeit sind einstweilen keine Seltenheit. Professor Z. Brzezinski z. B. äußerte einmal Zweifel an der Möglichkeit, „in absehbarer Zukunft" globale Sicherheitsabkommen zu erreichen. Andere Autoren sehen in den internationalen Beziehungen „nicht abreißende Konflikte und Krisen".
Wahrscheinlich bestätigt die Tatsache unserer Begegnung auf diesem Symposium unsere optimistische Einstellung zu dem Problem und reflektiert unsere Hoffnung darauf, daß die friedliebenden Kräfte imstande sein werden, auch weiter einen segensreichen Einfluß auf die internationale Lage auszuüben, die Schaffung von Voraussetzungen auf der Erde durchzusetzen,

die es unmöglich machen, daß irgendwelche ernste Konfliktsituationen in der internationalen Lage entstehen könnten.
Gegenwärtig sind wir alle über zwei Konfliktsituationen besonders beunruhigt. Die eine wurde durch die Aggression des amerikanischen Imperialismus in Vietnam geschaffen, die andere durch die Aggression Israels im Nahen Osten. Die Wissenschaftler können ihre Besorgnis nicht verhehlen und müssen danach streben, daß diese Konflikte gelöst werden und die Aggression gebührend verurteilt wird. Durch ihre Erforschung der Konfliktsituationen müssen die Wissenschaftler solchen Politikern, die noch nicht imstande sind, einen hinreichenden politischen Realsinn aufzubringen, zeigen, daß derartig gefährliche Konflikte durch ihre Ausweitung zu sehr ernsten Folgen für die ganze Menschheit führen können.
Die Völker der Welt stehen jetzt vor vielen großen Aufgaben. Es ist ungemein wichtig, die erreichten positiven Wandlungen in der internationalen Lage zu sichern und zu entwickeln. Eine Verbesserung der Methodik zur Erforschung der Konfliktsituationen in den internationalen Beziehungen und die Ermittlung von Maßnahmen zur Abschwächung und dann auch zur Verbannung derartiger Situationen aus dem Leben der Völker bildet eine sehr verantwortungsvolle Richtung der wissenschaftlichen Tätigkeit.

Wilfried von Bredow

Ausgewogene Truppenreduzierungen in Europa als getarnte Umrüstung?

„Die Streitkräfte aller westlichen Verbündeten stehen unter einem enormen Kostendruck. Er ist besonders stark im Betriebskostenbereich und führt zu Eingriffen in die Investitionsausgaben, die wiederum eine Überalterung der Bewaffnung zur Folge haben. Die Streitkräfte müssen daher so strukturiert werden, daß unter den wirtschaftlichen und technischen Voraussetzungen unserer Staaten und Wirtschaftssysteme genügend Streitkräfte unterhalten werden können, die sofort oder nach kürzester Frist voll einsatzbereit sind. Alle technischen und geographischen Möglichkeiten müssen bei ihrer Unterhaltung genutzt werden. Die Konzepte der fünfziger Jahre für die Strukturen der Streitkräfte reichen heute nicht mehr aus."[1] Diese offenen Worte stammen von Georg Leber, dem amtierenden Verteidigungsminister der Bundesrepublik. Sie bestätigen, was kritische Kommentatoren der westlichen MBFR-Propaganda seit längerem betont haben, daß nämlich „Truppenreduzierungen im jeweils nationalen Rahmen ohnehin längst überfällig sind".[2] Dem nachdrücklichen Eintreten der NATO, die sich in der Anlaufphase der KSZE zur „verschwiegen arbeitenden, aber unentbehrlichen Agentur für die Konzipierung einer gemeinsamen Ost-West-Politik"[3] entwickelt hat, für das MBFR-Projekt (Mutual Balanced Force Reduction) liegt eine vielschichtige politische Motivation zugrunde, die zu untersuchen ist.

---

[1] Georg Leber, Das Verhältnis Westeuropas zu den Vereinigten Staaten und zur Sowjetunion, Referat vor dem Forum der Internationalen Wehrkunde-Begegnung 1973, in: FAZ v. 5. 3. 1973.
[2] Dieter Senghaas, Aufrüstung durch Rüstungskontrolle. Über den symbolischen Gebrauch von Politik, Stuttgart 1972, S. 114.
[3] Hans-Peter Schwarz, Sicherheitskonferenz und westliche Sicherheitsgemeinschaft, in: Europa-Archiv, 27. Jg., 1972, S. 824.

Was die jetzige Phase der Ost-West-Beziehungen (speziell in Europa) als Gegenstand der Betrachtung im Rahmen einer allgemeineren Diskussion über die Art und den Charakter internationaler Konflikte im gegenwärtigen internationalen System interessant erscheinen läßt, kann man in der Frage zusammenfassen: Welche Interessen bewirken mit welchen Motivationen und mit welchen (diplomatischen oder anderen) Mitteln die Akzentverschiebung in den antagonistischen Beziehungen, und welche Ziele werden dabei anvisiert? Dieser Frage liegt die These zugrunde, daß die Beziehungen zwischen kapitalistisch und sozialistisch organisierten Gesellschaften in der Tat „antagonistische" Beziehungen sind[4], d. h. sich niemals derart „normalisieren" können wie die Beziehungen zwischen nach gleichen Prinzipien geordneten Gesellschaften, daß also auch in den Phasen vermehrter Kooperation zwischen solchen Gesellschaften eine fundamentale Gegensätzlichkeit nicht aufgehoben werden kann. Aus diesem Grunde erscheint es sinnvoll, für diese Art der Kooperation einen speziellen Begriff einzuführen, und in diesem Zusammenhang bietet sich der Begriff der „antagonistischen Kooperation" an, der in manchen Teilen mit dem in der sozialistischen Terminologie verwendeten Begriff der „friedlichen Koexistenz" übereinstimmt.

Nun kann man, wenn man darin übereinstimmt, daß die mittelfristige Entwicklung der Ost-West-Beziehungen, wie sie in Europa vorangetrieben wird, auf eine Ausweitung des Feldes der antagonistischen Kooperation hinzielt, die Interessen der Beteiligten ganz unterschiedlich beurteilen. Schon die Frage, wer überhaupt Träger dieser Politik ist, bleibt kontrovers, gibt es doch z. B. die These vom „Kartell der Herrschaftseliten" in Ost und West, die mit der Entspannungspolitik nicht mehr und nicht weniger als die Zementierung des Status quo verfolgen, wobei insbesondere der inner-gesellschaftliche Status quo in

---

[4] Das wird z. B. bestritten von Autoren wie Egbert Jahn. Er befindet sich dabei in der Gesellschaft von Adepten ganz anderer ideologischer Provenienz, z. B. der „realistischen" Schule in den Internationalen Beziehungen, für die internationale Politik nur mit rein machtpolitischen Kriterien begreifbar ist.

ihren Überlegungen jeweils Vorrang vor allen anderen Zielen genießt. Ich halte diese These für sehr unwahrscheinlich, denn sie nivelliert die unterschiedlichen Herrschafts- und Legitimierungsstrukturen in kapitalistischen und sozialistischen Gesellschaften und übersieht deswegen eine Reihe wichtiger Komponenten der inter-systemaren Kooperation und der ihr innewohnenden Dynamik.

Die folgenden Überlegungen zum MBFR-Projekt beschränken sich darauf, die Vorstellungen und Perzeptionen der westlichen Seite zu skizzieren und zu analysieren. Es wäre verfehlt, die hier benutzte Argumentation sozusagen klapp-symmetrisch auf die östliche Seite anzuwenden. Damit soll keiner Schwarz-Weiß-Malerei das Wort geredet werden, im Gegenteil. Auch die Erwartungen und Interessen der sozialistischen Länder an der antagonistischen Kooperation und gerade auch am MBFR-Projekt verdienen eine genaue Beschreibung und Untersuchung, für die ich jedoch nicht genügend Kompetenz besitze.

Welches Interesse unterliegt dem NATO-Vorschlag für MBFR-Verhandlungen? Welche Bedeutung hat das MBFR-Projekt für die antagonistische Kooperation in Europa? Können mit den jetzt ausgearbeiteten Vorschlägen zum Truppenabbau in Europa die Ursachen internationaler Konflikte in dieser Region der Welt und einige der gefährlichsten Instrumente, sie nach einem Kriegsbeginn auszutragen, in ihrer potentiellen Wirkung reduziert werden? Oder überwiegen bei diesen Vorschlägen andere Überlegungen, die mit dem Fortgang der fragilen Entspannungspolitik wenig konform sind, z. B. die Überlegung, die Umrüstung der bestehenden Militärapparate auf mit höherer Vernichtungskapazität versehene hoch-komplizierte und weniger personal-intensive Waffensysteme publikumswirksam als friedensfördernde Maßnahme hinzustellen?

MBFR-Diplomatie

Es ist nicht ganz einfach, ein festes Datum zu nennen, an dem das MBFR-Projekt politisch relevant zu werden begann. Die gesamte Geschichte des kalten Krieges zwischen den antagonistischen Gesellschaftssystemen nach 1945 ist ja auch unterlegt durch eine niemals abreißende Kette von Abrüstungs- und Entspannungsvorschlägen.[5] Einer davon soll hier kurz näher beleuchtet werden, weil er bereits einige Grundgedanken von MBFR enthält und gleichzeitig andeutet, welche politischen Kräfte in Westeuropa es – anders als zum Beispiel die Regierung der BRD unter Konrad Adenauer, die ja grundsätzlich alle Abrüstungsvorschläge durch ihr Junktim mit der Deutschlandfrage lähmte – für möglich und sinnvoll hielten, mit den Staaten Osteuropas über mehr europäische Sicherheit zumindest zu diskutieren. Gemeint ist der „Gaitskell-Plan" vom 5. April 1958. In einem Interview mit der polnischen Zeitung „Trybuna Ludu" erweiterte der damalige Führer der britischen Labour-Opposition den vom polnischen Außenminister Rapacki ein Jahr zuvor proklamierten Plan einer atomwaffenfreien Zone in Mitteleuropa dahingehend, daß er vorschlug, alle ausländischen Truppen sollten sich aus Mitteleuropa zurückziehen, alle konventionellen Truppen in Mitteleuropa sollten überwacht und (jedenfalls auf längere Sicht) reduziert werden. Weiterhin deutete Gaitskell an, ein die Grenzen in dieser Region garantierender Sicherheitspakt und der Austritt Deutschlands (West) aus der NATO und Polens, Ungarns und der ČSSR aus dem Warschauer Pakt könnten die Rüstungskontroll-Maßnahmen politisch fundamentieren. Der Pferdefuß seines Planes war, zumindest aus osteuropäischer Sicht, in der schlichten Formel versteckt, daß auch die Wiedervereinigung Deutschlands zu den Voraussetzungen des Plans gehöre.[6]

Man kann am Gaitskell-Plan studieren, wie nachhaltig die politische Ostkonzeption der Bundesregierung alle westlichen Reflexionen über Entspannung einzufärben vermochte – selbst die von westeuropäischen Oppositionsparteien. Ihr tatsächliches Gewicht erhielt sie jedoch in erster Linie dadurch, daß auch die

---

[5] Vgl. Heinrich von Siegler (Hrsg.), Dokumentation zur Abrüstung und Sicherheit, Bonn/Wien/Zürich 1960 ff., 6 Bände (!).
[6] Sicherheit und friedliche Zusammenarbeit in Europa. Dokumente 1954 bis 1967, Berlin (DDR) 1968, S. 167 f.

Regierung der USA bis zu Beginn der sechziger Jahre davon überzeugt war, daß der Sozialismus in Osteuropa kein solides Fundament besitze und bei kleineren Erdstößen bereits ins Wanken geraten würde.
Wie bekannt, hat sich diese Überzeugung dann rasch gewandelt. Die Amtsübernahme durch John F. Kennedy, begleitet von einem bemerkenswerten Wechsel im Personalbestand der oberen Ränge der Administration, bereitete eine Änderung der strategischen Grundzüge der US-Außenpolitik (speziell der gegenüber der Sowjetunion) vor. Aus dieser Änderung, in sich keineswegs widerspruchsfrei, resultieren eine Reihe internationaler Verträge der sechziger Jahre, von denen der bekannteste und hierzulande umstrittenste der Atomwaffensperrvertrag ist. Nach einigen unterschiedlich erfolgreichen Versuchen der US-Regierung, ihr Selbstverständnis in der internationalen Politik und ihre Funktion als „Führungsmacht der freien Welt" neu zu definieren und z. B. sowohl ihr Dominations-Verhältnis zu Westeuropa auszubauen als auch ihre Wandel-durch-Annäherung-Politik gegenüber Osteuropa zu intensivieren[7], die das Bild der sechziger Jahre mitgeprägt haben, ist die Konsequenz dieser Änderung zuletzt am deutlichsten in den „Grundsätzen für die Beziehungen zwischen der UdSSR und den USA vom 29. Mai 1972"[8] gezogen worden, die die intersystemare Politik auf die Basis der friedlichen Koexistenz stellen.
Solche Entwicklungen auf hoher bilateraler Ebene blieben nicht ohne Auswirkungen auf das internationale System insgesamt. Besonders aber in Europa hat man sie verspürt, weil hier die Grenzen der beiden unterschiedlichen Gesellschaftsordnungen aufeinanderstoßen, weil beiderseits dieser Grenzen hochgerüstete Armeen stehen und weil schließlich trotz dieser Grenzen traditionsbedingt ein relativ hohes Maß an intersystemarer

---

[7] Hier sind nur zwei Ziele der US-Außenpolitik angesprochen worden. Eine erschöpfende Analyse ihrer strategischen Grundlinien, ihrer „Globalstrategie" also, müßte auch die übrigen regionalen Ziele (besonders in Lateinamerika und in Asien, nicht zuletzt aber auch im Nahen Osten) erfassen und in einen Zusammenhang bringen.
[8] Abgedruckt in: Blätter für deutsche und internationale Politik, 17. Jg., 1972, H. 6, S. 653 ff.

Kommunikation (höchst unterschiedlichen Inhalts) niemals abgerissen ist.
Dennoch wäre es verfehlt, die europäische Szene in das Blickfeld zu nehmen, ohne die weltpolitische Verflechtung der hier auftretenden Akteure im Gedächtnis zu behalten.
In der Mitte der sechziger Jahre haben Vorstellungen über Truppenverminderungen in Europa neue politische Relevanz gewonnen. In der „Deklaration des Politischen Beratenden Ausschusses des Warschauer Vertrages über die Festigung des Friedens und der Sicherheit in Europa" vom 8. Juli 1966 in Bukarest wird von der großen positiven Rolle gesprochen, die eine gesamteuropäische Konferenz zur Erörterung von Fragen der Gewährleistung der Sicherheit in Europa und zur Anbahnung von gesamteuropäischer Kooperation spielen könnte. Dieser Punkt ist innerhalb der Aufzählung von möglichen Schritten zu mehr europäischer Sicherheit inhaltlich getrennt von einem anderen aufgeführt, in dem Teilmaßnahmen zur militärischen Entspannung in Europa gefordert werden, u. a. die Beseitigung ausländischer Militärstützpunkte, Abzug aller ausländischen Truppen von fremden Territorien, Bildung atomwaffenfreier Zonen.[9]
Ähnliche Vorschläge hatte es auch schon zu früheren Zeitpunkten gegeben. Jetzt jedoch wurden sie, weil – grosso modo – den Bedürfnissen aller Beteiligten angemessen, von ihnen aufgegriffen und diskutiert. Allerdings geschah dies in der Regel meist nur auf diplomatischer Ebene (oder der der Spezialisten). In einer im Dezember 1967 auf der Tagung des Ministerrats der NATO verabschiedeten Studie über die künftigen Aufgaben der nordatlantischen Allianz („Harmel-Bericht") heißt es: „Die Verbündeten prüfen zur Zeit Maßnahmen zur Abrüstung und praktischen Rüstungskontrolle einschließlich der Möglichkeit ausgewogener Truppenverminderungen. Diese Studien sollen intensiviert werden. Ihre aktive Durchführung ist Ausdruck des Willens der Bündnispartner, an einer wirksamen Entspannung

---

[9] Sicherheit und friedliche Zusammenarbeit in Europa, a. a. O., S. 336.

im Verhältnis zum Osten zu arbeiten."[10] Gerade dieser letzte Satz verlangt erhöhte Aufmerksamkeit. Festzuhalten bleibt, daß seit dieser NATO-Rats-Tagung keine mehr vergangen ist, auf der nicht über MBFR gesprochen und Vorstellungen darüber formuliert worden sind. Auf der Tagung der Außenminister der NATO in Reykjavik am 24. und 25. Juni 1968 wurden vier Grundsätze für solche Truppenreduzierungen ausgearbeitet, wobei die Delegation aus der BRD besonders aktiv war. Danach sollen Truppenverminderungen auf Gegenseitigkeit beruhen und nach Umfang und zeitlichem Ablauf ausgewogen sein, den jetzigen Grad an Sicherheit bei verminderten Kosten aufrechterhalten, jedoch nicht so, daß eine für den Westen nachteilige Lageveränderung in Europa die Folge sein könnte, in Europa insgesamt ein Klima des Vertrauens vorbereiten helfen und mit schaffen, und schließlich soll jede neue Abmachung hinsichtlich der Truppen mit den lebenswichtigen Sicherheitsinteressen aller Parteien vereinbar und wirksam durchführbar sein.[11] Nicht nur des historischen Interesses wegen seien hier einige weitere Etappen der NATO-Diplomatie hinsichtlich von Truppenreduzierungen kurz angeführt. Auf der Wintertagung vom 4./5. Dezember 1969 in Brüssel, auf der u. a auch eine Reihe von Studien über das MBFR-Verfahren vorgelegt und diskutiert wurden, kam auch die Kehrseite des ganzen janusköpfigen Unternehmens direkt zur Sprache: „Bis über beiderseitige Truppenverminderungen zwischen West und Ost, die nach Umfang und zeitlichem Ablauf so ausgewogen sind, daß sie den gegenwärtigen Grad an Sicherheit aufrechterhalten, Einigung erzielt werden kann, wird die NATO daher auch weiterhin gewährleisten, daß es zu keiner Reduzierung ihres militärischen Gesamtpotentials kommt."[12]

Die nächste Konferenz des NATO-Rats fand am 26./27. Mai 1970 in Rom statt. Auf ihr wurde das MBFR-Projekt noch

---

[10] NATO – Tatsachen und Dokumente, hrsg. v. d. NATO-Informationsabteilung, Brüssel 1969, S. 370.
[11] Zit. nach: Die Atlantische Gemeinschaft. Grundlagen und Ziele, hrsg. v. Presse- und Informationsamt der Bundesregierung, Bonn 1972, S. 222.
[12] Die Atlantische Gemeinschaft, a. a. O., S. 237.

weiter in den Vordergrund der Aufmerksamkeit gerückt. Diese und die folgenden Konferenzen legen in ihren Kommuniqués ganz besonderes Gewicht auf die Fragen der ausgewogenen Truppenreduzierungen. Was die Mitglieder des Warschauer Paktes betrifft, die in dieser Phase der Ost-West-Diplomatie in erster Linie den Gedanken einer Europäischen Sicherheitskonferenz vertraten, so schien es einige Zeit, als trauten sie der Substanz der von der NATO vorgetragenen MBFR-Konzeption nicht recht. Es wird im Anschluß an dieses Kapitel zu untersuchen sein, auf welche Gründe sie sich hierbei berufen konnten. Die Außenministertagung der Staaten des Warschauer Paktes am 21./22. Juni in Budapest verwies auf die Priorität der gesamteuropäischen Sicherheitskonferenz, ohne die Bedeutung von Truppenreduzierungen herunterzuspielen. Erst seit Mitte 1971, seit der berühmt gewordenen Rede von Parteisekretär Breschnew in Tiflis, scheint sich eine Annäherung hinsichtlich der Prozedur abzuzeichnen. Breschnew sagte am 14. Mai 1971 in Tiflis u. a.: „Gewisse NATO-Länder legen ein merkwürdiges Interesse, zum Teil auch Nervosität an den Tag in bezug auf die Frage einer Einschränkung der Streitkräfte und Rüstungen in Mitteleuropa. Ihre Vertreter fragen: Was für Streitkräfte, ausländische oder nationale, und was für Rüstungen, atomare oder herkömmliche, sollen eingeschränkt werden? Wenn bei irgendjemandem Unklarheiten herrschen, so kann man, bitte schön, die Unklarheiten beseitigen. Man muß nur ... in Verhandlungen eintreten."[13]

Wir können an dieser Stelle die Skizze der diplomatischen Entwicklung des MBFR-Unternehmens abbrechen. In den folgenden Monaten ergaben sich noch eine Reihe von Aktionen auf dieser Ebene, z. B. die Ausstattung des früheren Generalsekretärs der NATO Manlio Brosio mit der Aufgabe der „Exploration" der Meinung der sowjetischen Regierung zu MBFR. Das interessiert an dieser Stelle jedoch nur in zweiter Linie (obwohl das diplomatische Wechselspiel durchaus aufschlußreich zu verfolgen ist). Die diplomatische Ebene ist jedoch keineswegs die

---

[13] Zit. nach: Europa-Archiv, 26. Jg., 1971, S. 348.

entscheidende, wenn man untersuchen will, wer mit welchen Interessen und Vorstellungen ein Unternehmen wie MBFR tatkräftig oder nur nebenbei unterstützt oder blockiert. Um das gleich anzufügen: auch die militärische Ebene und die hier vorgebrachten Argumente sind nicht besonders aufschlußreich bei diesem Untersuchungsziel. Die, wie in den letzten Jahren oft zu hören war, fast hektische Aktivität hoher militärischer Stäbe der NATO bei der Ausarbeitung von MBFR-Modellen hat andererseits jedoch als politisches Faktum Gewicht. Die Frage ist, welche aktuellen politischen und welche strukturellen Faktoren es waren, die die offizielle NATO-Politik veranlaßten, das MBFR-Projekt mit einer so hohen Priorität zu versehen. Weiter muß in den Blick genommen werden, welcher Zusammenhang zwischen MBFR als konkretem Truppenreduzierungs-Projekt und der Europäischen Sicherheitskonferenz besteht, die als Institution (in welcher Form auch immer) Ausgangspunkt einer gesamteuropäischen Kooperation auf der Grundlage der Politik der friedlichen Koexistenz sein soll.

Die Funktionen von MBFR aus NATO-Sicht

Warum haben die NATO-Staaten in den letzten Jahren in so starkem Maße auf dem MBFR-Projekt insistiert? Es gibt einige, größtenteils wenig bekannt gewordene Untersuchungen über die sich mit dem MBFR-Projekt verbindenden Interessen, auf die im folgenden Bezug genommen wird. Bei der Aufzählung dieser Interessen (der NATO-Regierungen) kann man vier Felder unterscheiden:
1. MBFR als eine Antwort auf das wachsende Problem des Verhältnisses USA–Westeuropa in der NATO;
2. MBFR als Ansporn zu Versuchen, eine „westeuropäische Verteidigungsidentität" zu bilden;
3. MBFR als beschwichtigende Antwort auf innergesellschaftliche Schwierigkeiten auf dem Verteidigungssektor;
4. MBFR als den Ost-West-Dialog erheblich komplizierendes

Ablenkungsmanöver von all den Prozessen, die als nur im Interesse des Ostens angesehen werden.[14]

Jedes dieser Felder, auf denen im übrigen auch eine Fülle von anderen Problemen angesiedelt ist, verdient eine genauere Betrachtung. Es ist kein Zufall, daß das MBFR-Projekt praktisch in allen Zusammenhängen der Ost-West-Beziehungen eine Rolle zu spielen scheint – eben wegen dieser Bedeutung, wegen der Möglichkeit, mit der Promotion eines Projekts (wenigstens vorläufige) Antworten auf sehr viele Probleme formulieren zu können, ist das ganze Unternehmen so stark in den Vordergrund der NATO-Diplomatie gerückt.

USA–Westeuropa

„Das Thema gegenseitiger Truppenreduzierungen ist, lange bevor die Sowjetunion ihr Interesse daran bekundete, von den westeuropäischen Partnern der Vereinigten Staaten als wichtiges Argument benutzt worden, um die amerikanische Regierung von einseitigen Kürzungen ihrer militärischen Präsenz in Europa abzuhalten. Dazu wird es auch in Zukunft dienen."[15] Ähnlich hat Theo Sommer, seit Januar 1973 Chefredakteur der Wochenzeitung „Die Zeit" und zeitweilig führender Mitarbeiter im Planungsstab des Verteidigungsministeriums, diesen Gedanken formuliert: „So betrachtet gewinnt der MBFR-Gedanke seine überzeugende Rechtfertigung. Er würde es den

---

[14] Bei der Formulierung der folgenden Beschreibungen und Analysen hat mir die kritische Beschäftigung mit einem Thesenpapier von Volker Rittberger, Truppenreduzierungen und europäische Friedensordnung unter besonderer Berücksichtigung der BRD, viel geholfen. Dieses Papier wurde auf der letzten Tagung der Arbeitsgemeinschaft für Friedens- und Konfliktforschung in Hannover (Okt. 1972) vorgelegt und ist inzwischen in veränderter Form publiziert. Dieter Senghaas/Volker Rittberger/Burkhard Luber, MBFR: Aufrüstung durch Rüstungskontrolle, in: Aus Politik und Zeitgeschichte, B 13/73 v. 31. 3. 1973.
[15] Christoph Bertram, Gegenseitige Truppenverringerung in Europa. Politische Möglichkeiten, Risiken und Chancen, in: Europa-Archiv, 27. Jg., 1972, S. 50.

Amerikanern gestatten, Europa mit einem Teil ihrer Verbände zu verlassen, ohne es psychologisch zu verlieren, was bei einem überstürzten oder totalen Abzug unausbleiblich wäre; und es würde auch den NATO-Verbänden erlauben, ohne Sicherheitseinbuße ihre Rüstungsbürde zu erleichtern."[16]

Den Hintergrund für solche Überlegungen bildet das Ensemble von Faktoren, die in den vergangenen fünf Jahren dazu geführt haben, daß sich das Verhältnis USA–Westeuropa nicht mehr ganz so eindeutig als ein nordamerikanisches Dominierungs-Verhältnis bezeichnen läßt. Insbesondere ökonomische und finanzpolitische Entwicklungen in dieser Zeit haben bewirkt, daß Westeuropa eine neue Art von „Selbstbewußtsein" entwickelt hat, daß in den USA hingegen, nicht zuletzt auf Grund der Erfahrungen mit dem Kolonialkrieg in Asien, Vorstellungen aufgekommen sind, nach denen die eigene Rolle in der internationalen Politik ein wenig geändert, ein wenig „zusammengestrichen" werden soll. Einerseits ist die Konkurrenz USA–Westeuropa stärker geworden. Andererseits besitzen die USA immer noch genügend politische Stärke, um solche Rollenumschreibungen nach eigenem Interesse vornehmen und durchsetzen zu können. In der Sicht der Regierungen in den USA kann so z. B. auch in Zukunft von einem „Rückzug" der USA aus Westeuropa keine Rede sein, lediglich die permanent neue Zahlungsbilanzschwierigkeiten verursachenden Truppenstationierungen sollen vermindert werden. Die amerikanischen Investitionen in Westeuropa und US-Beteiligungen an multinationalen Wirtschaftsunternehmen werden dagegen weiter ansteigen. Mit der Konsequenz, daß eine Art „atlantischer Supermarkt" im Entstehen begriffen ist. Nach der Wiederwahl Nixons wird es in naher Zukunft eines der Hauptziele seiner Außenpolitik sein, diese „Vision" wirklich werden zu lassen.

Für Westeuropa besteht als Alternative zu einer solchen Zukunft nur die Möglichkeit, die Politik der inter-systemaren Kooperation mit Osteuropa zu intensivieren. Präziser gesagt: in

---

[16] Theo Sommer, Außer Hoffnung nichts zu verlieren, in: Information für die Truppe, H. 4/1972, S. 16.

der ideal-typischen Konstruktion von möglichen Schwerpunkten der Außenpolitik Westeuropas bietet sich dies als Alternative an. Die heute amtierenden Regierungen haben sich dagegen für eine vorsichtige Intensivierung der „Ostpolitik" und eine Beibehaltung der grundsätzlichen Orientierung ihrer „atlantischen Politik" entschlossen. Resultat dieser Politik wird in den nächsten Jahren eine Verschärfung der Widersprüche USA–Westeuropa sein. Dennoch haben sich bis jetzt diejenigen durchzusetzen vermocht, die über die Institution der NATO (die ja keineswegs nur ein Militärbündnis ist, sondern auch ökonomische und wissenschaftspolitische Funktionen besitzt)[17] einer festen Anbindung Westeuropas an die USA-Priorität einräumen. „Dem MBFR-Projekt – hauptsächlich eine westdeutsch-amerikanische Initiative – kam für die NATO zunächst vorrangig die Funktion von diplomatischem Spielmaterial im intrasystemaren (westlichen) und intersystemaren (west-östlichen) Dialog über Entspannungspolitik zu, um sich nicht das Gesetz des Handelns von den entspannungswilligeren Kräften im Westen und durch die Konferenzinitiativen der Mitgliedsstaaten der Organisation des Warschauer Paktes vorschreiben zu lassen."[18]

Euro-Gruppe

Nicht nur in dem Falle, daß das MBFR-Unternehmen tatsächlich in absehbarer Zeit zu konkreten Vereinbarungen führt, erscheint es in der Sichtweise der Regierungen Westeuropas, zu denen hier ganz sicher die konservative britische und nur mit erheblichen, aber möglicherweise geringer werdenden Einschränkungen die französische Regierung zu rechnen sind, „noch notwendiger als jetzt", zu einer westeuropäischen Zusammenarbeit

---

[17] Vgl. z. B. James R. Huntley, Das Atlantische Bündnis und die Umweltkrise, Brüssel 1971 (hrsg. v. d. NATO-Informationsabteilung).
[18] Volker Rittberger, Truppenreduzierungen und europäische Friedensordnung, a. a. O., S. 2. Vgl. auch: Robert Hunter, Sicherheit für Europa, Zürich/Köln 1971, S. 218.

auf dem Militärsektor zu gelangen.[19] Präsident Nixon hat bereits auf der Tagung der NATO-Minister im April 1969 das Stichwort von der wünschbaren „(west-)europäischen Verteidigungsidentität" lanciert. Diese Vorstellung ist, das kann nach dem vorher Gesagten kaum überraschen, besonders von der Bundesrepublik aufgegriffen und weiter verfolgt worden. Die ersten Gehversuche der Euro-Gruppe innerhalb der NATO im November 1968 dienten noch in erster Linie der informellen Beratung über Rüstungsprobleme. Frankreichs Regierung war übrigens, und das ist bis heute so geblieben, an diesen Beratungen nicht beteiligt.

Die Komplementarität von MBFR-Projekt und Verstärkung der westeuropäischen Komponente innerhalb der NATO wird besonders deutlich anhand der Begründung, mit der die westeuropäischen NATO-Verteidigungsminister im Dezember 1970 ein „Europäisches Verstärkungsprogramm für die NATO-Verteidigung" (EDIP) vereinbarten. Zu diesem Programm steuerte die Bundesregierung einen erheblichen Anteil bei. „Die Europäer faßten diesen Entschluß in der Erwartung, daß die Vereinigten Staaten ihre Streitkräfte im wesentlichen auf dem gegenwärtigen Stand halten."[20] An dieser Stelle kann nicht weiter auf die Implikationen eingegangen werden, die eine Verstärkung der „westeuropäischen Verteidigungsidentität" mit sich bringt. Nur eines ist unübersehbar: So, wie das MBFR-Projekt definiert ist, kann es kaum zu einem Abbau des Mißtrauens zwischen den Blöcken beitragen, denn es dient in erster Linie ja gerade dazu, die auf ein solches Mißtrauen in Westeuropa gegründete NATO-Militär- und Rüstungspolitik auszubauen. Staatssekretär Frank vom Auswärtigen Amt der Bundesrepublik hat dies in anderer Terminologie so ausgedrückt: „Ein kurzer Rückblick auf die historische Entwicklung von MBFR in der atlantischen

---

[19] Vgl. Karl Carstens/Dieter Mahncke (Hrsg.), Westeuropäische Verteidigungskooperation, München/Wien 1972, S. 256.
[20] Die Europäische Gruppe im Nordatlantischen Bündnis. Ein Bericht des Planungsstabes im Bundesministerium der Verteidigung, in: Bulletin des Presse- und Informationsamtes der Bundesregierung, Nr. 97 v. 30. 6. 1972, S. 1295.

Gemeinschaft zeigt, daß den westlichen Vorschlägen zu beiderseitigen ausgewogenen Truppenreduzierungen von Beginn an politische Überlegungen zugrunde lagen. Es soll der Versuch unternommen werden, eine Entwicklung in Gang zu setzen, welche die Voraussetzungen von Truppenreduzierungen in Europa schaffen würde."[21]
Weil die Problematik der atomaren Komponente einer wie auch immer strukturierten westeuropäischen Verteidigungsstreitmacht (und auch diese Option wird von vielen Politikern in Westeuropa für wünschbar gehalten, nicht nur von F. J. Strauß) im Augenblick nicht opportun für auch nur ein wenig öffentliche Diskussionen zu sein scheint, ist dem MBFR-Projekt für Westeuropas Militär-Establishment die Funktion zugefallen, als zumindest einige Zeit wirksames Hindernis den Wünschen vieler Amerikaner nach dem Abzug ihrer Truppen aus Westeuropa entgegenzuwirken und gleichzeitig die Westeuropäer davon zu überzeugen, daß demnächst beginnende (und übrigens auf außerordentlich lange Zeit angesetzte) konkrete Truppenreduzierungs-Verhandlungen um so erfolgreicher geführt werden, je mehr man bis zum Zeitpunkt ihres Beginns „gerüstet" ist. In den Worten von Adelbert Weinstein: „Entspannungspolitik muß von der NATO getragen werden. Entspannungspolitik ohne genügende militärische Kraft bleibt darum Provokation."[22]

Innergesellschaftliche Schwierigkeiten

Nicht nur in der BRD, sondern auch in den meisten anderen Staaten der NATO, aber auch etwa in der Schweiz und anderen neutralen Staaten, hat es in den letzten Jahren mehr und

---

[21] Paul Frank, Zielsetzung der Bundesrepublik Deutschland im Rahmen europäischer Sicherheitsverhandlungen, in: Europa-Archiv, 27. Jg., 1972, S. 158.
[22] Adelbert Weinstein, Abwarten und Rüsten, in: H. Bohn (Hrsg.), Wie gefährlich ist Moskau für Europa? Eine kritische Analyse der sowjetischen Möglichkeiten und Ziele, Köln 1969, S. 78.

mehr Probleme mit der Wehrmotivation der jungen Generation gegeben. In den Gesellschaften, in denen wie in der BRD als Folge bestimmter historischer Umstände das Recht auf Kriegsdienstverweigerung besteht und trotz zweifellos auch dort vorhandener starker sozialer Kontrolle, die gegen dieses Recht gerichtet ist, benutzt wird, kann man die ansteigenden Zahlen und die Verschiebung der Beweggründe der Kriegsdienstverweigerer in den Bereich des Politischen hinein als einen Indikator für den „sinkenden Wehrwillen" betrachten.

Untersucht man die Gründe für diesen Tatbestand, so stößt man auf einen recht umfangreichen Komplex von verschiedenwertigen Ursachen. Wir wollen uns hier auf eine solche Analyse nicht weiter einlassen[23], sondern nur darauf verweisen, daß das langsame Verblassen des „Feindbildes" im Bewußtsein gerade der jungen Westdeutschen hier eine nicht zu unterschätzende Rolle spielt. Gerade die Ostpolitik der Regierung Brandt/Scheel hat diese Entwicklung gefördert.

Die bestehenden Militärapparate der NATO kranken jedoch nicht nur daran, daß sie z. T. enorme Rekrutierungsschwierigkeiten haben. Auch ihre Unterhaltskosten drohen ins Uferlose anzusteigen, und daß die Entwicklung neuer Waffensysteme ein Mehrfaches von dem verschlingt, was ihre Vorgänger gekostet haben, bedarf heute auch keiner weiteren detaillierten Belege.[24]

Beide Strukturschwierigkeiten zusammen haben gewiß mit dazu beigetragen, daß das MBFR-Unternehmen bei denjenigen an Attraktivität gewann, die sich für ohnehin unumgängliche Reduzierungen des Militärapparates der „eigenen Seite" mit Hilfe dieses Instrumentes noch eine nicht unbeträchtliche politische Belohnung versprechen, nämlich in Form einer solchen Reduzierung auch auf der „anderen Seite". Es ist müßig, darüber zu streiten, ob eine solche Auffassung der politischen Situation gerecht wird – legitim ist sie zweifellos für jemanden, der

---

[23] Vgl. dazu im einzelnen: Wilfried von Bredow, Die unbewältigte Bundeswehr, Frankfurt 1973.
[24] Vgl. z. B. Ferdinand Otto Miksche, Rüstungswettlauf. Ursachen und Auswirkungen, Stuttgart 1972, bes. S. 36 ff.

solche Situations-Einschätzungen mit machtpolitischen Kriterien vornimmt.
Demonstrieren wir das in aller Kürze (und deswegen gewiß auch in vielem gröblich vereinfachend) am Beispiel der Bundeswehr. Hier sind die Personalschwierigkeiten besonders groß und drückend. Die mangelhafte Ausstattung der Einheiten und Verbände mit Stammpersonal hat überdies die Nebenwirkung, daß die vorhandenen Offiziere und Unteroffiziere wegen ihrer (jedenfalls in der Truppe konstatierbaren) ständigen Überlastung tendenziell dazu geneigt gemacht werden, militaristische Lösungen (wenn auch manchmal in modernem Gewande) für diese ihre jeweils ganz persönliche Misere für sinnvoll zu halten. Nur so erklärt sich z. B. das große Echo bestimmter höchst konservativer und mit der aktuellen Politik spätkapitalistischer Staaten überhaupt nicht im Einklang stehender „Denkschriften" und „Niederschriften" in der Armee.[25] Nun ist die Bundeswehr mit ihren 36 Heeres-Divisionen und den Luft- und Seestreitkräften die stärkste „konventionelle" Armee in Europa, was – auch unter strategischen Gesichtspunkten – nicht nur überflüssig, sondern sogar als so etwas wie provozierend erscheint.[26] Angesichts solcher und allgemeiner finanzieller Schwierigkeiten der Bundesrepublik, angesichts der allgemeinen Entwicklung der inter-systemaren Politik in Europa läge wohl eine drastische Kürzung der Bundeswehr im Bereich des Vertretbaren. Die von der Bundesregierung berufene Wehrstrukturkommission hatte den Auftrag gestellt bekommen, die Entwicklung der Wehrstruktur bis zum Ende der siebziger Jahre zu untersuchen und entsprechende Optionen für Reformen vorzuschlagen. Es erscheint durchaus plausibel, wenn man vor dem Hintergrund der von dieser Kommission erarbeiteten Vorschläge konstatiert, daß das in Aussicht stehende MBFR-Projekt tiefer fassende, wenn

---

[25] Vgl. Wilfried von Bredow, Die Armee ohne Eigenschaften. Probleme des Selbst- und Umweltverständnisses der Bundeswehr, in: Politische Vierteljahresschrift, 13. Jg., 1972, H. 1, S. 39 ff.
[26] Vgl. Bogislaw von Bonin, Anachronismus als Grundlage unserer Sicherheit?, in: K. D. Bracher (Hrsg.), Nach 25 Jahren. Eine Deutschland-Bilanz, München 1970, S. 239 ff.

man so will auch: radikalere Vorschläge gar nicht erst aufkommen ließ. Jedenfalls wurde das MBFR-Projekt ausdrücklich als eine die Überlegungen der Kommission beeinflussende Größe aufgeführt: „Die Struktur der Bundeswehr muß für Vereinbarungen über beiderseitige, ausgewogene Truppenverminderungen (MBFR) offen, darf davon aber nicht abhängig sein."[27] Dies lautet, umgesetzt in militärstrategische Überlegungen (und formuliert von einem der fähigsten Beamten im Verteidigungsministerium) z. B. so: „Die militärische Wirkung von Reduzierungsmaßnahmen wird unter anderem davon abhängen, ob die abgezogenen Stationierungsstreitkräfte nur verlegt oder auch aufgelöst werden, und ob bei Reduzierungen einheimischer Streitkräfte die Möglichkeit bestehen bleibt, sie in mobilisierungsfähige Kaderverbände umzuwandeln. Die Auflösung der einheimischen Verbände, die von Reduzierungsmaßnahmen erfaßt sind, würde einen stärkeren Eingriff darstellen als eine Umwandlung in Reserveeinheiten."[28] Das MBFR-Projekt soll also, um es salopp zu formulieren, aus einer (von den Militärs empfundenen) Not eine Tugend machen.[29]

MBFR und europäische Sicherheit

Wir haben, um eine kurze Zwischenbilanz zu ziehen, bis jetzt an mehreren Punkten festgestellt, daß das MBFR-Projekt in erster Linie nicht als inter-systemare Rüstungskontroll- oder Abrüstungspolitik oder ein Teil davon fungiert, sondern erhebliche block-stabilisierende Aufgaben innerhalb der westlichen Allianz zu erfüllen hat. Eine solche Feststellung muß all die überraschen, die die Diskussion über Rüstungskontroll- und Abrüstungsschritte in der internationalen Politik an sich bereits für

---

[27] Die Wehrstruktur in der Bundesrepublik Deutschland. Analyse und Optionen – Zusammenfassung –, Bonn 1972, S. 4.
[28] Hans-Georg Wieck, Perspektiven für MBFR in Europa, in: Außenpolitik, 22. Jg., 1971, H. 1, S. 644.
[29] So auch wörtlich Lothar Ruehl, in: Die Welt v. 22. 4. 1970.

friedensfördernd ansehen. Daß dies jedoch empirisch nicht haltbar ist, lehrt ein Blick auf die letzten siebzig Jahre.
Damit soll keineswegs angedeutet sein, daß das MBFR-Unternehmen unbedingt zum Scheitern verurteilt ist. Dennoch muß der osteuropäischen Haltung in diesem Fall, der Skepsis nämlich gegenüber MBFR, Verständnis entgegengebracht werden. In den Analysen westlicher Spezialisten auf dem Gebiet der Militär- und Sicherheitspolitik nehmen sich die Vor- und Nachteile des MBFR-Projekts folgendermaßen aus. Aus der Sicht der Sowjetunion (wie sie von einem dieser Spezialisten interpretiert wird) gibt es vier Gründe, die für eine sowjetische Unterstützung dieser westlichen Initiative sprechen:
– MBFR könnte die EG-Integration verlangsamen;
– MBFR ergäbe ein höheres Maß an Truppen-Flexibilität gegenüber China, ohne daß dieser Tatbestand besonders ins Auge fiele;
– MBFR könnte die sowjetischen Einwirkungsmöglichkeiten im Westen vergrößern;
– MBFR könnte sowjetische Besorgnisse über die nuklearen Waffen in Westeuropa verringern oder sogar ganz abbauen.[30]
Lassen wir uns gar nicht weiter auf eine Diskussion darüber ein, ob solche interpretatorischen Bemühungen tatsächlich der Perzeption der Regierung der Sowjetunion entsprechen. Stellen wir statt dessen die „NATO-Gründe" für MBFR aus der Sicht desselben Spezialisten gleich daneben:
– Einschränkung der sowjetischen Kontrollfähigkeit in Osteuropa;
– Erhaltung des militärischen Gleichgewichts auf einer niedrigeren und damit weniger kostspieligen Ebene;
– MBFR als Ergänzung und Testfall für den politischen Prozeß der Ost-West-Beziehungen.[31]
Als Erklärung des letzten dieser Punkte können folgende Sätze

---

[30] Christoph Bertram, Gegenseitige Truppenverringerung in Europa, a. a. O., S. 52. Vom selben Autor liegt eine längere Ausarbeitung zu diesem Thema vor: Christoph Bertram, Mutual Force Reductions in Europa: The Political Aspects, London 1972 (Adelphi Papers, 84).
[31] Christoph Bertram, Gegenseitige Truppenverringerung in Europa, a. a. O., S. 53.

dienen: „Für welches Ziel die Allianz sich entscheiden sollte, hängt in erster Linie davon ab, was MBFR und was Rüstungskontroll-Vereinbarungen im Ost-West-Verhältnis politisch bewirken können. Wenn sie tatsächlich die politische Situation in Osteuropa verändern können – nicht im Sinne eines ‚rollback' des sowjetischen Einflusses, sondern um den politischen Handlungsspielraum der osteuropäischen Staaten zu erweitern und gleichzeitig sowjetische militärische Interventionen auszuschließen –, dann käme jede andere Anwendung von MBFR einer vertanen Chance gleich."[32] In weniger verschlüsselter Sprache heißt das doch wohl, daß MBFR die Fortsetzung des kalten Krieges in Osteuropa mit anderen Mitteln sein könnte und sollte. Es ist nicht schwer sich vorzustellen, daß solchen Überlegungen in Osteuropa nicht gerade mit Enthusiasmus entgegengesehen wird.

Hinzuzufügen ist an dieser Stelle, daß auch aus einer weniger flexiblen Offensivhaltung heraus das MBFR-Projekt im Prinzip befürwortet wird. Konservative Skepsis drückt sich z. B. in vielen Äußerungen Wolfram von Ravens aus, der trotzdem zu dem Ergebnis kommt, daß, wenn man die „westliche Solidarität" in diesem Punkt nur aufrechterhielte, das Unternehmen erfolgreich verlaufen könnte. Allerdings sei es mit dieser Solidarität nicht weit her: „Insgesamt ist festzuhalten, daß der Osten eventuelle MBFR-Verhandlungen in einer sehr günstigen Ausgangsposition beginnen kann, während der Westen mit beträchtlichen Handicaps antritt. Werden die NATO-Mächte das Ringen, das der Sowjetunion mannigfache Gelegenheiten für eine eindrucksvolle Propaganda bietet, solidarisch durchstehen, da sie ohnehin geneigt sind, Vorwände für einseitige Abrüstung zu finden?"[33] Daß das MBFR-Unternehmen – neben anderem – auch als Vorwand für Aufrüstung dienen kann, gilt für Raven offensichtlich als in der Öffentlichkeit nicht opportunes Argument.

---

[32] Christoph Bertram, Gegenseitige Truppenverringerung in Europa, a. a. O., S. 53.
[33] Wolfram von Raven, Gleichung der Ungleichheit, in: Information für die Truppe, H. 4/1972, S. 26. Vgl. auch von demselben Autor: Sicherheit im Spannungsfeld der Entspannung, Freudenstadt 1972, S. 74 ff.

Verhandlungselemente und Verhandlungsdauer

Läßt man noch einmal alle bislang angeführten Gründe, aus denen heraus das MBFR-Unternehmen von der NATO propagiert wird, Revue passieren, so liegt die Vermutung nahe, daß die konkreten Verhandlungen darüber in dieser Perspektive möglichst lange dauern müssen, denn laufende Verhandlungen bringen Zeitgewinn zur Erreichung der „Nebenziele" von MBFR. Diese Vermutung hat Verteidigungsminister Leber in einem Interview lapidar bestätigt: „Es fällt schwer, die Hindernisse beiseite zu räumen, so daß wir viele Jahre des Ringens zu bestehen haben, bis wir vielleicht zu einem Ausgleich gelangen."[34]
Als Elemente solcher Verhandlungen soll nach westlichen Vorstellungen eine Art Stufenprogramm ins Auge gefaßt werden. Danach müßten MBFR-Verhandlungen dazu führen, daß Prinzipien vereinbart werden, denen alle europäischen Sicherheitsregelungen zugrunde liegen, daß militärische Dispositionsmöglichkeiten der betroffenen Streitkräfte eingeschränkt werden, daß die Streitkräfte zahlenmäßig begrenzt werden, daß ein ausreichendes Verifikationssystem eingerichtet wird und daß schließlich die Streitkräfte auch verringert werden können.[35]
Hinter diesem Programm steht die Einsicht, daß es für die NATO keine Alternative zwischen MBFR und militärischem Status quo gibt, sondern nur „die Wahl zwischen beiderseitigem Truppenabzug und einseitigem Truppenabzug".[36]
Angesichts des bis jetzt erreichten Standes der Ost-West-Beziehungen, die sich als der Beginn einer „antagonistischen Kooperation"[37] kennzeichnen lassen, gewinnen Verhandlungen und Abmachungen über die in Europa heute noch vorhandenen und einsatzbereiten Streitkräfte höchste Relevanz. Das ist unleug-

---

[34] Interview mit Georg Leber, in: Die Welt v. 11. 11. 1972.
[35] Zit. nach: Uwe Nerlich, Die Rolle beiderseitiger Truppenverminderung in der europäischen Sicherheitspolitik, in: Europa-Archiv, 27. Jg., 1972, S. 165.
[36] Theo Sommer, Außer Hoffnungen nichts zu verlieren, a. a. O., S. 14.
[37] Vgl. dazu näher: Wilfried von Bredow, Vom Antagonismus zur Konvergenz? Studien zum Ost-West-Problem, Frankfurt 1972.

bar, und deshalb stellt sich auch keineswegs die Frage, ob es überhaupt sinnvoll sein kann, auf der hier geschilderten Basis damit zu beginnen. Die Warnung vor illusionärem Optimismus, oft genug ausgesprochen, muß hier jedoch ebenso wiederholt werden wie die vor einem resignierenden Fatalismus. „Erreicht wird nichts mit einer Euphorie, die zum Ergebnis hat, daß man auf den Selbstvollzug der Dinge harrt, das Tempo, das wir gegenwärtig haben, für selbstverständlich nimmt und dann allzuleicht in Resignation verfällt, wenn Schwierigkeiten auftauchen oder längere Fristen notwendig werden, um komplizierte Probleme in Politik, Zusammenarbeit und Abrüstung zu lösen."[38] Allzulang dürften die Fristen auf dem Gebiet der Abrüstungspolitik allerdings nicht gesetzt sein, weil sich heute z. T. schon Entscheidungen ankündigen, die über ein ganzes Jahrzehnt hin kaum noch beeinflußbar sein werden (z. B. über bestimmte Waffensysteme). Es geht also nicht darum, sich auf die Vorschläge zur Truppenreduzierung überhaupt nicht einzulassen. Auf der anderen Seite gehört es zu den wichtigsten Grundsätzen der gesamten Ost-West-Sicherheitspolitik, daß die sich anbahnende Kooperation nur dann wirksam werden kann, wenn, in etwas unpolitischer Sprache ausgedrückt, das gegenseitige Mißtrauen abnimmt.
Man wird sich zu fragen haben, ob MBFR-Verhandlungen, so wie sie bis jetzt vorgeschlagen sind, nicht eher angelegt sind, das bestehende Mißtrauen zu intensivieren. Gewiß kann nicht erwartet werden, daß Maximal-Maßnahmen auf diesem Gebiet von heute auf morgen erfolgen. Warnungen vor der nachlassenden Wehrbereitschaft, immer wieder von den Militärs vorgebracht, verkennen jedoch, daß ihr hierzulande die von einer Mehrheit der Bevölkerung getroffene richtige Lageeinschätzung zugrunde liegt, daß nämlich die bestehenden Militärapparate zu umfangreich, zu teuer und für die innere demokratische Entwicklung nicht gerade förderlich sind. Jede europäische Sicherheitspolitik, die ihrem Namen gerecht werden will, sollte des-

---

[38] Gunnar Matthiessen, Zur Vorbereitung der Europäischen Sicherheitskonferenz. Eine Zwischenbilanz, in: Blätter für deutsche und internationale Politik, 17. Jg., 1972, H. 9, S. 916.

halb darauf abzielen, Rüstungskontroll- und Abrüstungsmaßnahmen so anzulegen, daß sie nicht vom wachsenden Mißtrauen in die geheimen Absichten des Gegenüber wieder neutralisiert oder in ihr Gegenteil verkehrt werden. In diesem Zusammenhang ist auf die Ergebnisse der letzten Pugwash-Konferenz vom 7. bis 12. September 1972 in Oxford hinzuweisen. In der Abschlußerklärung dieser Konferenz finden sich einige bemerkenswerte Passagen in bezug auf europäische Sicherheit: „Ausbalancierte, gleichwertige Truppenreduzierungen bringen an sich noch nicht mehr Sicherheit. Die Gefahr besteht, daß die intensive Beschäftigung mit dem Konzept der ausbalancierten Reduzierung und mit quantitativen Modellen und ihrer Verifikation zum Ergebnis hat, daß nicht mehr Sicherheit, sondern ein wachsendes Mißtrauen erzielt wird. Eines der Hauptrisiken der militärischen Lage in Europa ist auf die westliche Strategie der frühen Antwort mit sogenannten taktischen Nuklearwaffen zurückzuführen. Der Wert jeder Abrüstungskonzeption in Europa ist daran zu messen, inwiefern es gelingt, solche militärischen und politischen Bedingungen zu schaffen, die die Aufrechterhaltung dieser Strategie überflüssig werden läßt."[39] Die Pugwash-Konferenz verweist in diesem Zusammenhang auf frühere Pläne über eine atomwaffenfreie Zone in Mitteleuropa. Ob dieser und ähnliche Vorschläge fruchtbarer sind, muß die eingehendere Diskussion erweisen. Sicher ist, daß im Interesse der europäischen Sicherheit auf gemeinsame Schritte zur Rüstungskontrolle und Abrüstung nicht verzichtet werden darf. Die Diskussion darüber sollte jedoch nicht jenen allein übertragen bleiben, die bisher die bestehende „unstabile Sicherheit" zu hohen Preisen gemanagt haben. Ist es zu optimistisch, wenn man in diesem Zusammenhang der kritischen Öffentlichkeit eine wichtige Einwirkungsfunktion auf die Entwicklung der inter-systemaren Beziehungen zuspricht? So paradox es zunächst klingen mag: gerade auf diesem bisher nur Eingeweihten zugänglichen Gebiet der militärstrategischen Seite des Ost-West-Konflikts kann das schwer abweisbare Engagement der Öffentlichkeit erreichen,

---

[39] Pugwash-Newsletter, 10. Jg., 1972, H. 1/2, S. 8.

daß die oft nur halbherzig und propagandistisch von den Regierungen genannten Ziele des MBFR-Unternehmens durchgesetzt werden, so daß nicht Umrüstung, sondern Rüstungs- (nicht nur Truppen-) Reduzierung und in längerfristiger Perspektive Abrüstung das Ergebnis der Verhandlungen sein wird.

Daniel Frei

Geographische Aspekte der De-Eskalation von Konflikten

Entspannung und Vertrauensbildung durch gegenseitiges Disengagement

1. Einführung: Die vier Dimensionen der Entspannung

Jede feindselige Handlung umfaßt mindestens vier Dimensionen, und dies gilt umgekehrt auch für alle Handlungen im Sinne einer Konfliktsde-Eskalation. Bei diesen vier Dimensionen handelt es sich um:

– den Gegenstand der Handlung (Personal, Waffen usw.);

– die Aktion (vorrücken, zurückziehen, gestatten, verbieten, anklagen, drohen usw.);

– Zeit (beschleunigen, verlangsamen, für eine Anzahl Tage das Feuer einstellen, einen Waffenstillstand beendigen usw.);

– Raum (Maßnahmen betreffend ein bestimmtes Territorium ergreifen, Rückzug von einem andern Territorium usw.).

Im allgemeinen wird, wenn von De-Eskalationsproblemen die Rede ist, die Aufmerksamkeit in erster Linie auf die ersten zwei Dimensionen konzentriert und in geringerem Maße auch auf die dritte Dimension; in praktisch allen Verhandlungen im Rahmen aktueller Konflikte befassen sich die betreffenden Konfliktsparteien vor allen Dingen mit der Frage, was und zu welcher Zeit und für welche Dauer es zu tun sei. In den meisten Fällen gehen sie vom Gegenstand als dem zentralen Problem aus und behandeln dann die andern Dimensionen aus dieser Perspektive. So hat sich z. B. der amerikanische Forscher Charles Osgood im Zusammenhang mit seinen Vorschlägen betreffend abgestufte und gegenseitige Entspannungsinitiativen fast

ausschließlich mit „Schritten", d. h. mit der Handlungsdimension, befaßt.[1]
Selbstverständlich wird auch die räumliche oder geographische Dimension meistens in die Betrachtung mit einbezogen, jedoch in der Regel nur als ein Problem sekundärer Natur. Der vorliegende Beitrag befaßt sich nun speziell mit diesem Aspekt. Ausgehend von der geographischen Dimension soll hier der Versuch gemacht werden, *zusätzliche Möglichkeiten für die Entwicklung von Entspannungsmaßnahmen* auszuleuchten. Allerdings wäre es nicht zulässig, sofort mit neuen Vorschlägen aufzuwarten; da bisher in bezug auf dieses Problem praktisch keine empirischen Forschungsergebnisse vorliegen, ist es vor allen Dingen einmal nötig, die *Randbedingungen und Grenzen der räumlich-geographisch orientierten Entspannungsstrategie* zu untersuchen. Die folgenden Ausführungen befassen sich also mit Phänomenen wie Disengagement, Neutralisation, Demilitarisation, geographischer Abrüstung, Pufferzonen, Niemandsländern, Sicherheitszonen oder wie immer man eine ausdrückliche oder stillschweigende Abmachung, auf einem bestimmten Territorium bestimmte (militärische und/oder nichtmilitärische) Handlungen zu unterlassen oder auf diesem Territorium eine gewisse oder eine ganze militärische und/oder politische und/oder ökonomische usw. Präsenz zu unterlassen, bezeichnen möchte.

2. *Das Problem des Disengagement im Licht der Spieltheorie*

Das Verfahren des wechselseitigen Disengagement zeigt – wie übrigens jedes De-Eskalationsverfahren – alle die für das sogenannte Prisoner's Dilemma-Spiel wichtigen Merkmale. Es gibt hier nämlich grundsätzlich ebenfalls zwei Strategien (sich zurückziehen, sich nicht zurückziehen) und vier mögliche Ergebnisse; in der Reihenfolge abnehmenden Nutzens handelt es sich um:

[1] Charles E. Osgood, Calculated Deescalation as a Strategy, in: Dean G. Pruitt, Richard C. Snyder (Eds.), Theory and Research of the Causes of War, Englewood Cliffs: Prentice Hall, 1969, S. 213–216.

4 Partei besetzt das Territorium allein / Gegenseite zieht sich zurück

3 beidseitiges Disengagement

2 Zusammenprall oder Teilbesetzung des Territoriums / Gegenseite besetzt den anderen Teil

1 Rückzug / Gegenseite besetzt das Territorium allein

Trägt man Strategien und Ergebnisse in eine Matrix ein, so ergibt sich folgendes Bild:

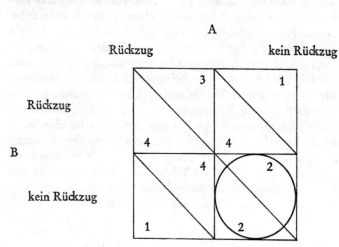

Unter der Annahme einer rationalen – und das heißt hier „Minimax"-Strategie – gibt es hier bekanntlich logischerweise keine Lösung. Genau das ist aber das Problem: *Gibt es im Rahmen räumlich-geographischer Entspannungsmaßnahmen irgendwelche Variablen, die die beiden Gegner zur Wahl einer kooperativen Strategie veranlassen können, obwohl eine scheinbar zwingende Logik jeden Versuch dieser Art von vornherein zum Scheitern verurteilt?* Die Durchführbarkeit und/oder Stabilität von Disengagement-ähnlichen Entspannungsmaßnahmen bildet also die *abhängige Variable*.

3. Die Hypothesen

Es gilt nun, nach unabhängigen Variablen, d. h. nach Einflußfaktoren zu suchen, die auf die Durchführbarkeit und/oder Stabilität von Disengagement-Maßnahmen einwirken. Folgende unabhängige Variablen werden hier näher betrachtet:

Wertlosigkeit des betreffenden Territoriums: Je höher der strategische, symbolische oder wirtschaftliche Wert, den die beiden Gegner einem Territorium beimessen, um so eifersüchtiger werden diese beiden Gegner auf diesem Territorium ausharren – und um so mehr sind sie auch versucht anzunehmen, die Gegenseite messe der Kontrolle dieses Territoriums einen ebenso hohen Wert bei und diese Gegenseite werde deshalb ständig unaufrichtig zu verhandeln versuchen. Andererseits: Wenn alle Parteien einem Territorium nur sehr geringen Wert beimessen, dann wird eine Konfliktspartei sehr wahrscheinlich sich kaum über allfällige böse Absichten der anderen Seite den Kopf zerbrechen. Aus diesem Grund ist es denn auch viel leichter, ein Disengagement-Abkommen über den Meeresgrund, der für alle möglichen beteiligten Parteien von sehr geringem Wert ist, abzuschließen als beispielsweise über die Neutralisierung eines wiedervereinigten Deutschland, wie dies in den frühen fünfziger Jahren von verschiedener Seite vorgeschlagen wurde. Im Rahmen dieser Untersuchung wird das Konzept der „Wertlosigkeit" unterteilt in drei speziellere Konzepte: strategische, symbolische und wirtschaftliche Wertlosigkeit.

Überwachbarkeit: In Konfliktsituationen neigen Parteien dazu, über eine mögliche Unaufrichtigkeit und über Täuschungsmanöver der Gegenseite zu argwöhnen; es ist darum äußerst wichtig, jeweils eine Art Garantie zu finden, die diesen Argwohn zu dämpfen vermag. Allerdings lassen sich objektive und absolut verläßliche Garantien jeweils nicht leicht finden; indessen wird der gegenseitige Argwohn der beiden Konfliktsparteien bereits dadurch etwas gemildert, daß beide eine Möglichkeit zur Überwachung des zu neutralisierenden Territoriums besitzen und indem beide zur Ansicht gelangen, daß allfällige Übergriffe seitens des Gegners leicht entdeckt würden. Dies ist der Grund, weshalb es so außerordentlich schwierig ist, Dschungelgebiete wie Laos zu neutralisieren – ganz im Gegensatz zu isolierten und darum leicht überwachbaren Gebieten wie die Antarktis.

Qualitatives Hervorstechen: Die Chance, ein zu neutralisierendes Territorium zuverlässig zu überwachen, hängt ihrerseits von dem ab, was Thomas Schelling als „conspicuousness" oder „prominence"[2] oder, noch präziser, als „perzeptuelles qualitatives Hervorstechen"[3] bezeichnet hat. Wenn die Identität des in Frage stehenden Territoriums für alle Beteiligten absolut klar ist und feststeht, so ist es auch leicht, allfällige Verletzungen eines Disengagement-Abkommens zu erfassen. Das qualitative Hervorstechen eines Territoriums ist vor allem in der Verhandlungsphase sehr wichtig: Je mehr die Identität eines Territoriums sich eindeutig feststellen läßt, um so eher neigen die beiden Konfliktsparteien dazu, ihrem jeweiligen Gegner zu vertrauen, denn in diesem Fall gibt die Struktur der territorialen Grenzen auf keinen Fall Anlaß zu langwierigen Zweifeln und Diskussionen, und vor allem braucht man sich nicht lange über die Frage zu zanken, weshalb denn die Grenze des zu neutralisierenden Gebietes „gerade hier" und nicht beispielsweise „dort" festgesetzt werde. Konkret heißt das, daß das Disengagement von Territorien, die von anliegenden Territorien durch Bergzüge, Wüstengebiete, Meeresarme oder Flüsse usw. getrennt sind, erheblich leichter sein wird als das Disengagement von rein zufällig aus dicht besiedelten Gebieten herausgeschnittenen Territorien. Auch das Konzept des „qualitativen Hervorstechens" wird hier in drei speziellere Unterkonzepte aufgespalten: geographische, ideologische und ethnische Identität.

---

[2] Thomas C. Schelling, The Strategy of Conflict, New York: Oxford University Press, 1963, S. 57.
[3] Richard H. Wills, Myron L. Joseph, Prominence as a Predictor of the Outcome of Games of Agreement, in: Journal of Conflict Resolution, vol. 3 (1959), S. 102–113.

Vorherige Neutralisierung: Wenn ein bestimmtes Gebiet schon früher einmal neutralisiert gewesen ist, so erleichtert dies den Abschluß eines neuen Disengagement-Abkommens, und es stärkt auch die Stabilität der neuen Disengagement-Zone. Präzedenzfälle haben eine zweifache Feedback-Wirkung, nämlich einmal in bezug auf das betreffende Territorium selbst und sodann in bezug auf die am Disengagement interessierten Parteien. Was das Territorium selbst betrifft, so kann ein Präzedenzfall als Äquivalent für geographisches, qualitatives Hervorstechen bezeichnet werden, d. h. eine früher stattgehabte Neutralisierung trägt dazu bei, die spezielle Identität des betreffenden Territoriums zusätzlich zu profilieren. Was die beiden Konfliktsparteien betrifft, so vermag die Existenz eines solchen Präzedenzfalls ihren wechselseitigen „Lernprozeß" bei der Anbahnung kooperativen Verhaltens zu unterstützen.

Weitere drei Variablen lassen sich im Hinblick auf jene Fälle von Neutralisierung oder Disengagement feststellen, wo das zu neutralisierende Territorium nicht nur ein passives Objekt des Konfliktgeschehens darstellt, sondern selbst in einem gewissen Sinn als Subjekt der internationalen Politik agiert, und zwar handelt es sich um jene Fälle, wo eigentliche Staaten (oder zumindest ein Teil eines Staates) oder sogar ganze Staatengruppen Gegenstand von Disengagementbemühungen sind und wo das in Frage stehende Territorium selbst bewohnt wird. Die Durchführbarkeit und die Stabilität eines auf einen solchen Gegenstand bezogenen Disengagement-Abkommens hängt u. a. vom Vorhandensein oder Fehlen bestimmter Merkmale der neutralisierten dritten Partei selbst ab. Es sind hier vor allem drei Variablen näher zu betrachten:

Fehlen einer hochgradigen internen Segmentierung: Herrscht in einem Land ständige Unruhe und gibt es laufend Aufstände, so besteht eine sehr hohe Wahrscheinlichkeit, daß die eine oder die andere der Konfliktsparteien früher oder später zu einer Intervention veranlaßt wird. Dem argwöhnischen Klima jeder Konfliktsituation entsprechend, befürchtet aber jede Konfliktspartei schon von vornherein, daß die andere früher oder später intervenieren wolle; und da selbstverständlich jede Partei es vorzieht, auf ein Disengagement zu verzichten, statt das Objekt ganz der Gegenseite zu überlassen, so hat sie ein Interesse, gewissermaßen präventiv zuerst zuzuschlagen und zu intervenieren, bevor die Gegenseite dies tut. Und da die Gegenseite dieselben Überlegungen anstellt, entsteht gewissermaßen ein Wettlauf, um ein allfällig geschlossenes Disengagement-Abkommen wieder zu brechen, oder, falls es sich um Verhandlungen um ein Disengagement-Abkommen handelt, es werden diese Verhandlungen auf keinen Fall je weit gedeihen. Disengagement-Maßnahmen betreffend hochgradig heterogene oder innerlich unstabile dritte Parteien werden also gar nicht erst zustande kommen; falls die Bemühungen trotzdem einmal Erfolg haben sollten, wird die betreffende neutralisierte Zone sehr bald wieder zusammenbrechen.

Militärisches Potential der dritten Partei: Wenn die betreffende dritte Partei hingegen selbst über ein gewisses politisches und militärisches Potential verfügt, so kann es dieses Potential als eine Art Garantie einsetzen, und zwar in dem Sinne, daß sie jeder der Konfliktsparteien zu verstehen gibt, sie wäre im Fall eines Übergriffs seitens der Gegenpartei willens und in der Lage, solche Übergriffe entweder zurückzuweisen oder durch erbitterten Widerstand nicht rentabel zu machen. Damit trägt das politische oder militärische Potential der dritten Partei zur Stabilität der betreffenden neutralisierten Zone Erhebliches bei. Allerdings muß man sich auch hier vor voreiligen Schlüssen hüten. Wenn nämlich eine dritte Partei selber über ein gewisses Aktionspotential verfügt, so kann dies ebensosehr den Argwohn der beiden Konfliktsparteien wecken, nämlich deshalb, weil ein Überlaufen dieser dritten Partei zur Gegenseite das Potential jener Gegenseite erheblich stärken würde. Die Konfliktsparteien argwöhnen also, daß die dritte Partei gewissermaßen das „Zünglein an der Waage" spielen könnte und den Konflikt dadurch entscheidend beeinflussen würde. Es steht also nicht von vornherein fest, ob ein eigenes Aktionspotential der dritten Partei die Stabilität einer neutralisierten Zone eher schwächt oder stärkt. Hier ist es besonders wichtig, daß die empirische Untersuchung konkreter historischer Fälle etwas zur Klärung beiträgt.

Neutralitätstradition: Verfolgt die dritte neutralisierte Partei eine traditionell neutrale Politik, so kann dadurch das im vorstehenden Abschnitt angedeutete Dilemma gelöst und den beiden Konfliktsparteien Vertrauen eingeflößt werden, da in einem solchen Falle ein Überlaufen der neutralisierten dritten Partei zur Gegenseite eher unwahrscheinlich erscheint. Ein Land wie die Schweiz kann aus diesem Grunde auf verhältnismäßig einfache Weise aus internationalen Konflikten herausgehalten werden, aber es wäre zweifellos außerordentlich schwierig, ein Gebiet, das beispielsweise die beiden deutschen Staaten umfaßt, zu neutralisieren, obwohl dieses Gebiet bisher noch nie neutralisiert wurde oder neutral gewesen war.

Selbstverständlich beansprucht die vorstehend genannte Variablen- und Hypothesenliste keinerlei Anspruch auf Vollständigkeit. Zweifellos gibt es noch zahlreiche andere Variablen, die theoretisch sehr wichtig wären – die Merkmale und die Stabilität des regionalen politischen Systems, der Intensitätsgrad der Spannung, Dynamik dieser Spannung, vorgängige Interaktionsmuster zwischen den beiden Konfliktsparteien usw. seien hier lediglich noch stichwortweise erwähnt. Dennoch ist es gestattet, angesichts des gegenwärtigen Standes der Diskussion[4] sich auf die eingangs erwähnten Aspekte zu beschränken.

---

[4] Abgesehen von juristischen Untersuchungen über das Problem der Neutralisation (z. B. Karl Strupp, Neutralisierung, Befriedung, Entmilitarisierung, Stuttgart 1935) und abgesehen von Studien über aktuelle Aspekte konkreter Disengagement-Maßnahmen (beispielsweise Eugène Hinterhoff, Disengagement, London 1959; Alastair Buchan, Arms and Stability in Europe, New York: Praeger, 1963; Charles R. Planck, Sicherheit in Europa, München: Oldenbourg, 1968; Christoph Bertram, MBFR – The Political Aspects, Adelphi Papers Nr. 84, London: The International Institute for Strategic Studies, 1972), gibt es nur ganz wenige theoretische Untersuchungen über Disengagement. Keine von ihnen liefert systematische und empirische Forschungsergebnisse. Einen ersten Schritt hat H. Marshall-Cornwall, Geographic Disarmament, London: Oxford University Press, 1935, gemacht. Die wichtigste

4. Operationalisierungsprobleme und Daten

Die genannten Variablen werden hier im Hinblick auf eine einfache Dichotomisierung operationalisiert verwendet. Eine detaillierte Beschreibung der Operationalisierungsprobleme wird an anderer Stelle gegeben.[5] Die empirische Überprüfung der Hypothesen stützt sich auf die Gesamtheit der erfaßbaren Fälle im Zeitraum 1939–1972:[6]

Jahr	Objekt	Konfliktsparteien
1939	Norwegen-Dänemark	Alliierte/Deutsches Reich
1940–43	Iberische Halbinsel	Alliierte/Achsenmächte
1940–43	Azoren	Alliierte/Achsenmächte
1941–45	Türkei	Alliierte/Achsenmächte
1947	Triest	Italien/Jugoslawien
1949	Nordische Länder	UdSSR/USA-NATO
1952–55	Deutschland (4 Zonen)	UdSSR/USA-Frankreich-GB
1954	Laos	Frankr.-GB-USA-S. Vietnam/UdSSR-China-N. Vietnam
1955	Zentraleuropa (Eden)	NATO/Warschaupakt
1955	Österreich	Frankr.-GB-USA-UdSSR
1957	Zentraleuropa (Rapacki)	NATO/Warschaupakt
1957	Arktis	USA/UdSSR
1957–67	Gaza-Streifen	Israel/U.A.R.
1959	Antarktis	UdSSR/USA
1960 (ca.)	Nepal	China/Indien
1962	Laos	USA/UdSSR-China
1967	Weltraum (Himmelskörper)	UdSSR/USA
1967	Weltraum (Orbitalkreis)	UdSSR/USA
1971	Meeresboden	UdSSR/USA
1971–72	Malta	GB-NATO/UdSSR

Studie ist bis heute die vor allem in bezug auf Hypothesen sehr ergiebige Studie von Cyril E. Black, Richard A. Falk, Klaus Knorr, Oran R. Young, Neutralization and World Politics, Princeton: Princeton University Press, 1968.

[5] Vgl. Daniel Frei, Conflict Reduction by Mutual Disengagement, in: International Interactions, Bd. 1 (1973), demnächst erscheinend.

[6] Das Studium von Einzelfällen im Hinblick auf eine Datensammlung erfolgte im Rahmen eines Forschungsseminars 1971/72. Der Verfasser hat Christian Blickenstorfer, Peter Hablützel, Jean-Pierre Kuster, Anna Maeder, Peter Spinnler, Rudolf Vetterli in diesem Zusammenhang zu danken.

Was die Auswahl dieser Fälle betrifft, so sei ebenfalls auf eine umfassendere Darstellung dieses Forschungsprojekts hingewiesen; dort finden sich auch die Daten im einzelnen aufgeführt.[7] Diese Daten werden nun einer einfachen bivariablen Analyse unterzogen, wobei jeweils für den Zusammenhang zwischen jeder unabhängigen und der abhängigen Variable Yule's Q-Koeffizient berechnet wird und, wo dies aus statistischen Gründen nicht möglich war, der Koeffizient ε.

5. Die wichtigsten Ergebnisse

Wertlosigkeit: Von den drei Wertdimensionen, die in solchen Fällen wichtig sind, besitzt die strategische Dimension eindeutig das entscheidendste Gewicht. Obwohl die strategische Wertlosigkeit eines Territoriums nur mäßig mit dem Endergebnis der Disengagementbemühungen (also der Stabilität eines Abkommens) korreliert ($\varepsilon = 0{,}53$), gibt es andererseits keinen Fall, in dem ein für beide Parteien im strategischen Sinne wertloses Gebiet, das Gegenstand eines Disengagement-Abkommens bildete, wieder besetzt worden wäre. Die Variable „wirtschaftliche Wertlosigkeit" scheint, zumindest in der Verhandlungsphase, sehr wichtig zu sein ($Q = 0{,}68$), obwohl sie mittel- und langfristig zur Stabilität der betreffenden neutralisierten Zone nichts Wesentliches beiträgt ($Q = 0{,}14$). Die Beziehungen zwischen symbolischer Wertlosigkeit und dem Ergebnis nehmen sich recht seltsam aus: Die Korrelation weist für die Verhandlungsphase einen negativen Wert auf ($Q = -0{,}43$), aber einen positiven für das Endergebnis ($Q = +0{,}43$). Diese Diskrepanz könnte vielleicht dahingehend interpretiert werden, daß die Entscheidungsträger, die ein Disengagement-Abkommen aushandeln müssen, die emotionalen Aspekte ihrer Völker zu vernachlässigen neigen, wobei dann die Sensibilität für solche emotionalen oder symbolischen Aspekte erst *nach* Vorliegen des

---

[7] Vgl. Fußnote 5; siehe auch Daniel Frei et al.: Disengagement (= Kleine Studien zur Politischen Wissenschaft Nr. 1), Zürich: Forschungsstelle für Politische Wissenschaft, 1972, (mimeo).

Verhandlungsergebnisses geweckt wird und im Sinne innerer Pressionen schließlich die Stabilität des Abkommens gefährdet.

Leichte Überwachbarkeit des betreffenden Territoriums: Diese Variable korreliert nur sehr niedrig oder mäßig mit dem Ergebnis des Disengagements. Immerhin kann festgestellt werden, daß der Einfluß dieser Variablen auf das Endergebnis, also die Stabilität der neutralisierten Zone (Q = 0,33) größer ist als ihr Einfluß auf das unmittelbare Verhandlungsergebnis (Q = 0,16), obwohl in der Verhandlungsphase die klare Überwachbarkeit des betreffenden Territoriums die rasche Einigung auf eine Lösung sichtlich erleichtert (10 Fälle : 4 Fälle).

Qualitatives Hervorstechen: Sehr starke Korrelationen lassen sich im Zusammenhang mit dem geographischen qualitativen Hervorstechen finden (Q = 0,72 und 0,83). Es besteht eine sehr hohe Wahrscheinlichkeit (5:1), daß im geographischen Sinne nicht hervorstechende Territorien früher oder später zusammenbrechen werden, falls sie als Gegenstand eines Disengagement-Abkommens gewählt worden sind; andererseits haben geographisch stark hervorstechende Territorien eine große Chance, verhältnismäßig reibungslos neutralisiert zu werden (10:2 Fälle), wobei diese Lösung erst noch einen hohen Grad an Stabilität aufweist (9:3 Fälle). Dasselbe gilt auch für die ethnische Identität des betreffenden Gebietes (Q = 0,33 und 0,55). Es gibt keinen erfolgreichen Fall von Disengagement, der ein in bezug auf die ethnische Abgrenzbarkeit nicht ganz klar hervorstechendes Gebiet betraf. Was die ideologische Dimension der Abgrenzbarkeit und Identität betrifft, so wiederholt sich hier dieselbe Trendumkehr von der Verhandlungsphase zur Phase nach dem Abkommen wie in bezug auf die symbolische Wertlosigkeit. Man kann also die Behauptung aufstellen, daß auch hier die ideologischen Aspekte durch die Entscheidungsträger vielleicht doch etwas vernachlässigt werden, und zwar zugunsten geostrategischer Aspekte. Ist dann ein Abkommen erzielt, so fangen ideologische Kräfte plötzlich an, auf die Stabilität des Abkommens negativ einzuwirken. Der Einfluß der ideologischen Abgrenzbarkeit für die Stabilität neutralisierter Zonen zeigt sich auch dann, wenn der gesamte Variablenkomplex betreffend das qualitative Hervorstehen gesamthaft betrachtet wird, und zwar einmal unter Einschluß, einmal unter Ausschluß der ideologischen Dimension. Der „Separierbarkeits-Index", der auf diese Weise errechnet werden kann, korreliert viel stärker mit dem Erfolg der Disengagement-Maßnahme, wenn die ideologische Dimension eingeschlossen ist (Q = 0,60) als umgekehrt (Q = 0,25).

Frühere Neutralisierung: korreliert in nur sehr beschränktem Maße mit dem Ergebnis (ε bzw. Q = 0,50). Aber immerhin kann gesagt werden, daß zumindest die Richtung dieser Korrelation dem entspricht, was eingangs im Sinne einer Hypothese vermutet wurde. So darf man doch die Behauptung aufstellen, daß eine frühere Neutralisierung die Einigung auf eine neue Lösung zumindest erleichtert und die Stabilität eines einmal getroffenen Abkommens stützt.

Eigenschaften der dritten Partei: In bezug auf diese Variablengruppe konnten die höchsten Korrelationen insgesamt gefunden werden. Die innere Segmentierung korreliert zwar kaum wesentlich mit dem Verhandlungsergebnis (ε = 0,20), ist aber ein wichtiger ursächlicher Faktor für den Zusammenbruch von Neutralisations- und Disengagement-Abkommen (ε = 0,21; Q = 0,74). Zum militärischen Potential der neutralisierten dritten Partei ist zu sagen, daß die Ergebnisse hier eigentlich dem widersprechen, was man allgemein erwartet. Wenn nämlich die betreffende dritte Partei über ein eigenes militärisches Potential verfügt, so gibt es in den meisten Fällen überhaupt keine Schwierigkeit (8:1), ein Abkommen erfolgreich abzuschließen; der ε-Wert der entsprechenden Korrelation beträgt −0,88. Was den langfristigen Aspekt, d. h. also die Stabilität der betreffenden neutralisierten Zone betrifft, so ist die Korrelation allerdings weniger stark. Immerhin mag es aber auch hier erstaunen, daß sich nicht ein einziger Fall finden läßt, wo eine über kein militärisches Potential verfügende dritte Partei je erfolgreich neutralisiert worden wäre. Mit anderen Worten: Ein eigenes militärisches Potential einer dritten neutralisierten Einheit ist eine notwendige, (wenn auch nicht hinreichende) Bedingung für erfolgreiches Disengagement. In den Fällen, wo eine neutralisierte dritte Partei bereits eine gewisse Erfahrung mit Disengagement-Verfahren hatte und wo sich diese Partei schon längst an eine neutrale Politik gewöhnt hatte, findet sich eine außerordentlich hohe Korrelation mit dem langfristigen Aspekt der Stabilität ($\varepsilon = 0{,}64$). Andererseits scheint die Neutralitätstradition die Fähigkeit, überhaupt ein Abkommen zu schließen, nicht wesentlich zu fördern ($\varepsilon = 0{,}35$).

6. Drei Folgerungen

Folgerung I: Für ein Disengagement geeignete und nicht geeignete Territorien

Auf der Grundlage der hier skizzierten Ergebnisse ist es nun möglich zu sagen, welcher Typ von Territorium sich für eine Disengagement-Maßnahme eignet und welcher Typ in solchem Zusammenhang besser nicht in Betracht gezogen werden sollte. Das „ideale" Disengagement-Territorium kann, kurz zusammengefaßt, wie folgt umschrieben werden: Es ist bereits einmal neutralisiert worden; es ist in geographischer und wenn möglich auch ideologischer Hinsicht eindeutig umschreibbar und abgrenzbar, und es ist aus der Sicht der am Konflikt beteiligten Parteien von geringem militärischem Wert. Ganz besonders geeignet sind Territorien, die selber über ein gewisses militärisches Handlungspotential verfügen. Umgekehrt kann man nun auch jenen Typ von Territorium beschreiben, bei dem jeder Disengagement-Versuch von vornherein zum Scheitern verurteilt ist. Dazu zählen vor allem Territorien, die in irgendeiner Weise aus einem größeren ethnischen Zusammenhang herausgeschnitten worden sind und die über keine klar definierten ethnischen

Grenzen verfügen; ferner sollten im Zusammenhang mit Disengagement-Maßnahmen jene Territorien nicht in Betracht gezogen werden, die innerlich heterogen und politisch stark segmentiert sind. Wenn man nun diese „Checklist" für die Bewertung von Territorien im Hinblick auf ein Disengagement betrachtet, so bedarf es keiner weiteren Worte mehr, um zu sagen, daß sich im heutigen internationalen System noch sehr zahlreiche bisher unausgeschöpfte Möglichkeiten finden lassen, um das Verfahren der geographischen Deeskalation und Entspannungsstrategie mit hoher Erfolgschance anzuwenden.

Folgerung II: Disengagement als ein Lernprozeß

Ein wichtiges Ergebnis der oben skizzierten empirischen Untersuchung besteht in der Feststellung, daß Disengagement-Maßnahmen ihrerseits wieder dazu beitragen, die Grundlagen für ihren eigenen Erfolg zu stärken, also im Sinne eines Feedbacks wirken, oder anders ausgedrückt: Disengagement-Maßnahmen können Konfliktparteien dazu veranlassen, eine zunehmend kooperative Strategie zu wählen. Disengagement vermag also eine Art Lernprozeß auszulösen.

Wie gezeigt wurde, lassen sich erfolgreiche Disengagement-Abkommen vor allem dann sehr leicht erzielen, wenn die beiden Konfliktsparteien dem Disengagement-Gegenstand einen sehr geringen strategischen Wert beimessen. Das Abkommen, Himmelskörper nicht zu militärischen Zwecken zu benutzen oder keine Nuklearwaffen auf dem Meeresgrund zu stationieren, bedeutet im Grunde sehr wenig. Aber gerade weil solche Abkommen sehr wenig bedeuten, bilden sie eine ausgezeichnete Gelegenheit, gegenseitig Vertrauen aufzubauen und so graduell in kleinen Schritten die tragische Natur des Prisoner's Dilemma-Spiels der De-Eskalation zu ändern. Die Idee des Disengagement hat den großen Vorteil, daß sich hier eine nahezu unbeschränkte Vielfalt von möglichen De-Eskalations- und Vertrauensbildungsmaßnahmen erfinden läßt, die zu jeder Situation passen. Dies führt gleich auch zur dritten Folgerung:

Folgerung III: Mehr anwendungsorientierte Forschung – das Denkbare denken

Dringend nötig wäre aus allen diesen Gründen ein möglichst phantasievolles Inventar neuer geographischer De-Eskalationsmaßnahmen, und zwar von Maßnahmen, die über das klassische Thema der Demilitarisation und Neutralisation hinausgehen. Um ein solches Inventar zu erstellen, müßte man wahrscheinlich in systematischer Weise vorgehen. Zunächst wären wohl einmal die einzelnen hier berührten Dimensionen zu erfassen (also eine Taxomonie zu erarbeiten); zweitens müßten sämtliche möglichen Phänomene auf jeder Dimension inventarisiert werden (es wären also verfeinerte Nominal- und wo möglich Ordinalskalen für jede Dimension zu entwickeln). Und drittens wären die verschiedenen Dimensionen miteinander zu kombi-

Objekt \ Umfang	Reduktion um einen bestimmten Prozentsatz	kontrollierter Zuwachs	Einfrieren des Status quo	Verbot noch nicht eingeführter Objekte	etc.
Stationierung von Militärpersonen					
ökonomische Investitionen					
Entwicklungs- „hilfe"					
Stationierung von Radaranlagen					
etc.					

nieren (es wären also mehrdimensionale Matrizen zu erstellen).
Und dieses ganze Verfahren sollte für jede Konfliktsebene und
für jeden Krisentyp je separat eingeleitet werden.
Es gibt sehr viele Dimensionen, die in diesem Zusammenhang
relevant sind: Typ des Personals, Typ der Aktionen, Umfang
der Aktionen, Zählverfahren, Verifikationsverfahren usw. Um
nur einmal zwei einmal etwas eingehender auszuführen:
Wenn erst einmal ein solches Inventar neuer Ideen und Vorschläge erstellt worden ist, so könnte diese als eine Art Arsenal
für die diplomatische Planung im Dienst der Krisende-Eskalation
benützt werden. Es wäre zweifellos an der Zeit, sich den Luxus
zu leisten, das Denkbare zu denken ...

Stefan Doernberg

Friedliche Koexistenz und die Widersprüche zwischen Staaten mit unterschiedlicher Gesellschaftsordnung

In unserer Diskussion haben sich Übereinstimmung in wesentlichen Grundfragen wie auch unterschiedliche Standpunkte zu einigen Problemen gezeigt.

Übereinstimmend wurde vor allem festgestellt, daß man kein Gleichheitszeichen zwischen Konflikten und Widersprüchen setzen darf. Natürlich gibt es ein Abhängigkeitsverhältnis zwischen Konflikten und Widersprüchen in der Art, daß Widersprüche die Grundlage für das Entstehen von Konflikten sind, und daß Konflikte zur Vertiefung von Widersprüchen führen können. Umgekehrt kann die Beilegung von Konflikten zwar nicht Widersprüche aus der Welt schaffen, aber doch zu einer Minderung der Wirkung dieser Widersprüche beitragen.

In der heutigen Welt gibt es deutliche Grenzen, die einer Eskalation von Widersprüchen zum Ausbrechen von Konflikten und vor allem zum Ausbrechen von militärischen Konflikten gesetzt sind. Diese Grenzen sind durch die Veränderungen in der internationalen Situation oder, anders ausgedrückt, durch die *Veränderungen des internationalen Kräfteverhältnisses* entstanden. Die Veränderungen des internationalen Kräfteverhältnisses haben wirksamere Möglichkeiten zur Begrenzung von Konflikten hervorgebracht. Trotzdem gibt es aber keinen Automatismus in der Richtung, daß neue große, die ganze Welt tangierende Konflikte nicht mehr eintreten könnten. Diese Feststellung ist notwendig trotz des objektiv gegebenen Umstands, daß die Eskalierung eines Konflikts zu einem globalen militärischen Konflikt einem Aggressor keine Möglichkeit eines Sieges bieten würde.

Die Entwicklung der menschlichen Gesellschaft ist zwar in letzter Konsequenz auf das Wirken von objektiven Gesetzmäßigkeiten, die in der jeweiligen sozial-ökonomischen Struktur der Gesellschaft verankert sind, zurückzuführen. Sie unterscheidet sich jedoch von der Entwicklung in der Natur dadurch, daß die Gesetzmäßigkeiten nicht automatisch, sondern nur in dem Maße wirken, wie sie durch das bewußte Handeln von Menschen und Völkern umgesetzt werden. Der subjektive Faktor spielt bekanntlich eine große Rolle. Durch das Wirken der Menschen können Gesetzmäßigkeiten entweder beschleunigt oder verlangsamt verwirklicht werden. Es können sogar Deformationen in der Entwicklung eintreten, obwohl die objektiven Gesetzmäßigkeiten in eine andere Richtung weisen.

Angewandt auf unser Problem bedeutet dies, daß wir nicht nur die objektiven Ursachen erforschen müssen, die zur Entstehung von Konflikten führen können oder ihre Gefahr vermindern. Wir müssen auch den Erkenntnisprozeß analysieren, mehr noch, dazu beitragen, ihn so zu steuern, daß er im Einklang mit den objektiven Gesetzmäßigkeiten unserer Zeit verläuft und so dem sozialen und humanistischen Fortschritt der Menschheit nutzt.

Historisch ist erwiesen, daß die größten und blutigsten Konflikte eine Folge des Wirkens jener Gesetzmäßigkeiten waren, wie sie in feudalistischen bzw. kapitalistischen Gesellschaftsordnungen herrschten. Dies gilt vor allem für die beiden Weltkriege, die durch imperialistische Staaten entfesselt wurden. Umgekehrt besteht eine der wichtigsten Folgen der Entstehung sozialistischer Staaten und des Anwachsens ihres Einflusses auf die internationale Politik darin, daß sich immer stärker eine Politik durchsetzte, die der Ausdehnung und Vertiefung von Konflikten entgegenwirkte, nämlich die Politik der friedlichen Koexistenz.

Heute können wir damit eine Situation verzeichnen, die nicht zuletzt dadurch gekennzeichnet ist, daß die von der sozialistischen Gesellschaftsordnung hervorgebrachten Gesetzmäßigkeiten immer stärker die Gesamtheit der internationalen Beziehungen prägen. Natürlich ist dies kein ausschließlicher Prozeß, da es Gegenwirkungen gibt und die Gesetzmäßigkeiten der beiden Systeme wechselseitig die internationale Entwicklung und Politik beeinflussen. Wir dürfen auch nicht vergessen, daß der Erkenntnisprozeß in der Regel hinter der objektiven Entwicklung zurückbleibt. Sicher gibt es große Denker und Politiker, die ihrer Zeit voraus sind und mit ihren Erkenntnissen die Durchsetzung objektiver Prozesse beschleunigen. Im allgemeinen müssen jedoch zunächst objektive Veränderungen eintreten, bis im vollen Maße die Erkenntnis heranreift, welche Wirkung diese haben.

An dieser Stelle sei eine Bemerkung zu dem von Senghaas aufgeworfenen Problem der sogenannten Machteliten gestattet. Das Problem der Machteliten ist in seiner Gesamtheit insofern nicht richtig gestellt, als diese nicht etwas Autonomes darstellen, sondern im Zusammenhang mit der bestehenden Klassenstruktur gesehen werden müssen. So wirken sogenannte Machteliten im Militärapparat oder auf dem Gebiet der Rüstung in kapitalistischen Staaten nicht für sich genommen, sondern ausgehend von ganz bestimmten Klasseninteressen. Z. B. sind die politischen Aktivitäten der entscheidenden Kräfte des militär-industriellen Komplexes durch ein spezifisches Profitinteresse geprägt, das jedoch im Einklang mit dem allgemeinen Profitinteresse des Kapitals steht. Zugleich gibt es heute die wachsende Erscheinung, daß diese der internationalen Entspannung entgegenwirkenden Interessen in Widerspruch zu einem sich in der kapitalistischen Klasse abzeichnenden Erkenntnisprozeß geraten: zu der Einsicht, daß man die eigenen Profitinteressen nicht mehr mit den alten Mitteln der Aggression und der Expansion durchsetzen kann.

Für die sozialistischen Staaten ist der Begriff von Machteliten weder für die Problematik internationaler Konflikte noch für sonst einen Bereich anwendbar. In den sozialistischen Staaten gibt es keine Klassen oder Schichten, die ein Profitinteresse an der Rüstungsproduktion hätten oder sonst einen Nutzen aus der Vorbereitung, geschweige denn Entfesselung von Kriegen ziehen könnten. Hinzu kommt, daß der militärische Apparat – von diesem war ja insbesondere die Rede – in den sozialistischen Staaten nicht Beziehungen besonderer Art zu irgendwelchen Wirtschaftsgruppen unterhält, wie dies in kapitalistischen Staaten bekanntlich der Fall ist. Er ist ein Instrument der politisch herrschenden Klasse – der Arbeiterklasse – und wirkt im Rahmen der Führungstätigkeit der marxistisch-leninistischen Parteien. Wenn in Staaten kapitalistischer Gesellschaftsordnung führende militärische Kreise in ihrer Tätigkeit oftmals völlig unabhängig von den politischen Parteien und der Öffentlichkeit sind und schon dadurch einen eigenständigen Machteinfluß ausüben, so ist das in den sozialistischen Staaten nicht der Fall. Hier handeln die Vertreter des militärischen Apparats, um diesen Begriff zu benutzen, als Beauftragte und meistens auch Mitglieder der in diesen Staaten führenden marxistisch-leninistischen Parteien. Der Einfluß der Parteien auf den Militärapparat ist keineswegs geringer als der auf andere Bereiche des gesellschaftlichen und politischen Lebens.

Nun aber zurück zu unserem eigentlichen Thema. Da Konflikte und Widersprüche nicht identische Begriffe sind, kann die Verminderung und Deeskalation von Konflikten nicht automatisch zur Beseitigung der Widersprüche führen. Damit ist es aber auch nicht möglich, alle und vor allem die letztlichen Ursachen des Bestehens von Konflikten zu beseitigen. So wäre es primitiv, nach dem Prinzip „alles oder nichts" die Forderung zu stellen, man müsse für eine wirksame Deeskalation und Beseitigung von Konflikten die letztlichen Ursachen der Konflikte – und das heißt im Weltmaßstab das kapitalistische Gesellschaftssystem – überwinden. Wir müssen davon ausgehen, daß es für einen längeren Zeitraum in Europa und in der Welt Staaten mit unterschiedlicher Gesellschaftsordnung geben wird, daher Widersprüche zwischen diesen Staaten existieren und daß aus diesen Widersprüchen immer wieder die Möglichkeit von Konflikten entstehen kann. Um in der Welt von heute zu einer Steuerung und Deeskalation von Konflikten zu kommen, müßten folgende Aspekte in Betracht gezogen werden:

Erstens geht es darum, die internationalen Beziehungen so zu gestalten, daß militärische Konflikte ausgeschaltet werden. Die günstigste Form für die Austragung der Widersprüche zwischen Staaten unterschiedlicher Gesellschaftsordnung bieten, wie die Geschichte beweist, die Prinzipien der friedlichen Koexistenz.

Diese Prinzipien haben heute bereits Eingang in das moderne Völkerrecht gefunden. Ihre Aufnahme in viele internationale Dokumente, so z. B. die Vereinbarungen zwischen der Sowjetunion und den USA, die im Mai 1972 abgeschlossen wurden, stellt einen großen historischen Sieg auf dem Wege zur Verminderung bzw. Deeskalation von Konflikten dar.

Zweitens müssen jene Faktoren gestärkt und entwickelt werden, die der Entstehung und Ausbreitung von Konflikten entgegenwirken. Der wichtigste Gegenfaktor ist der real bestehende und staatlich organisierte Sozialismus. Die sozialistische Staatengemeinschaft ist dank ihrer gewachsenen politischen, ökonomischen und militärischen Macht schon heute das wirksamste und entscheidende Gegengewicht, das eine Ausbreitung von Konflikten eindämmt und einen globalen Konflikt in Gestalt eines dritten Weltkrieges verhindert. Sie wird ihr internationales Gewicht zugleich in dem Maße erhöhen, wie sich die sozialistischen Staaten stärker auf die inneren Fragen des Aufbaus des Sozialismus konzentrieren können. Und hierzu ist es notwendig, die Gefahr von Konflikten abzubauen. Dadurch wird es möglich werden, Mittel frei zu machen, die bisher auf andere Weise als Gegengewicht gegen Konflikte verwandt werden müssen.

Als einen weiteren Gegenfaktor sollte man die Aktivitäten der Öffentlichkeit aller Länder, den öffentlichen Druck zugunsten des Abbaus von Konflikten und der Beseitigung ihrer Ursachen ansehen.

Drittens sollte gerade die Wissenschaft mögliche Interessenparallelitäten untersuchen, die der Entstehung und Vertiefung von Konflikten entgegenwirken können.

Viertens sollten wir unser Augenmerk darauf richten, welche Möglichkeiten das moderne Völkerrecht bietet, bzw. welche Ergänzungen zum modernen Völkerrecht notwendig sind, um es zu einem wirksamen Instrument für die Deeskalation, besser noch für die Verhinderung von Konflikten zu machen.

Gerade in der letzten Zeit können wir einige sehr begrüßenswerte Beispiele verzeichnen, wie ausgehend von der Suche nach übereinstimmenden Interessen in lebenswichtigen Fragen der europäischen Politik und unter Berücksichtigung des Vorhandenseins von grundlegenden Widersprüchen völkerrechtlich verbindliche Lösungen gefunden wurden, um latente Konfliktsituationen zu deeskalieren. Konnten ihre Ursachen auch nicht völlig aus der Welt geschafft werden, so gelang es doch, dauerhafte Regelungen zu erzielen, die die Gefahr des Entstehens von akuten Konflikten wesentlich vermindern. Dabei waren es Verhandlungen über besonders komplizierte Probleme, zu denen sich über Jahre keine Lösungen finden ließen: die Westberlin-Frage und die Regelung der Beziehungen zwischen den beiden deutschen Staaten – der DDR und der BRD. In beiden Fällen handelt es sich um mit vielen Einzelfaktoren belastete Probleme der Nachkriegsentwicklung. Sie konnten nur dadurch gelöst werden, daß ihre Regelung auf der Grundlage der allgemein verbindlichen Prinzipien des modernen Völkerrechts, wie sie vor allem in der Charta der Vereinten Nationen enthalten sind, erfolgte und von der Anerkennung der Realitäten, nicht zuletzt der Unverletzlichkeit der bestehenden Grenzen, ausging. Beide Vereinbarungen, die auf der Grundlage eines Kompromisses abgeschlossen werden mußten, bieten in sich die Möglichkeit, den Entspannungsprozeß in Europa weiter zu fördern.

Ein *fünfter* Punkt. Vor der Wissenschaft steht die Aufgabe, bei der Erforschung konkreter Lösungswege für die De-Eskalation von Konflikten nicht nur die eigentliche Konfliktsituation zu untersuchen, sondern eine komplexe Betrachtung anzustreben, d. h. all jene Faktoren zu analysieren, die auf die eine oder andere Weise die Konflikte begünstigen bzw. umgekehrt eine Gegenwirkung auf die Konflikte ausüben. Man muß auch die in Europa anstehenden Probleme – die Installierung der politischen Grundlagen für Sicherheit und Zusammenarbeit, die Fixierung der Prinzipien und Formen der wirtschaftlichen, wissenschaftlich-technischen und geistig-kulturellen Zusammenarbeit sowie den Komplex der Begrenzung und Verminderung von Rüstungen – in ihren wechselseitigen Wirkungen unter-

suchen. Zugleich wäre es jedoch nicht richtig, eine zu starke gegenseitige Abhängigkeit herzustellen oder gar Junktims zu begünstigen.
In diesem Zusammenhang sei eine Bemerkung zu dem von NATO-Staaten aufgeworfenen sogenannten MBFR-Problem gestattet. Dieser Vorschlag für Verhandlungen über eine ausgewogene Verminderung von Truppen und Rüstungen entstand seinerzeit primär, um den Prozeß der europäischen Entspannung, Sicherheit und Zusammenarbeit zu hintertreiben oder zumindest zu verzögern. Den Autoren dieses Vorschlags war die Kompliziertheit der Abrüstungsproblematik mit ihren vielen Details durchaus klar. Sie wußten, daß Fortschritte auf dem Gebiet der Begrenzung und Verminderung von Rüstungen und Streitkräften nicht schnell zu erzielen sind. Indem sie jedoch erfolgreiche MBFR-Verhandlungen als Bedingung für Fortschritte zur Regelung der politischen, wirtschaftlichen und geistig-kulturellen Beziehungen deklarierten, suchten sie einen Hebel zu erhalten, um den Prozeß der Entspannung und Gewährleistung der Sicherheit in Europa insgesamt zu bremsen. Dieses Junktim ist gescheitert.
Bereits im Vorfeld der europäischen Sicherheitskonferenz haben sich positive politische Entwicklungen ergeben, die durch das bekannte Vertragswerk, die Vereinbarungen zwischen der UdSSR und Frankreich, zwischen der UdSSR und den USA und weitere bilaterale und multilaterale diplomatische Aktivitäten gefördert wurden. Vor allem die politische Atmosphäre hat sich verbessert, wodurch auch meßbare Fortschritte in den Beziehungen und in der Zusammenarbeit der Staaten möglich geworden sind. Damit entstanden auch günstigere Bedingungen, um auf dem Gebiet der Abrüstung weiterzukommen. Heute gibt es bessere Voraussetzungen, um eine Verminderung von Rüstungen und Truppen zu erzielen, die im Interesse aller liegen muß und keine Seite beeinträchtigen darf.
Die Entwicklung wird zeigen, in welchem Maße die Autoren des MBFR-Projekts nunmehr eine konstruktive Haltung zur Abrüstungsproblematik einnehmen, die im Interesse aller Staaten gelöst werden muß. Historische Erfahrungen lassen zumin-

dest Zweifel darüber aufkommen, ob es hier zu einer genauso klaren und gradlinigen Entwicklung kommen wird, wie sie von allen Vökern erwünscht wird.

Eine *sechste* Forderung zur De-Eskalation besteht darin, daß in Europa und in der Welt eine Atmosphäre geschaffen werden muß, die zu einer Isolierung jener Kräfte führt, die eine Eskalation von Konflikten betreiben bzw. diese begünstigen. Jegliche Versuche, entstandene Konflikte beizubehalten oder gar zu verschärfen, müssen unter das moralische Verdikt der Öffentlichkeit gestellt werden. Für die Kraft der Öffentlichkeit gibt es viele Beweise. So hat die in greifbare Nähe gerückte Beendigung des Krieges in Vietnam viele Ursachen. Sicher kommt der militärischen Niederlage der USA eine erstrangige Bedeutung zu. Aber auch die wachsende Verurteilung der amerikanischen Aggression durch die Öffentlichkeit in der ganzen Welt – auch in den USA selbst – hat den Weg zur Beendigung dieses schmutzigen Krieges geebnet.

Die Wissenschaftler haben die edle Aufgabe, mit ihren Kenntnissen und ihrem Ruf bewußt und überzeugend an der moralischen Isolierung jeglicher Kräfte mitzuwirken, die Konflikte provozieren und eskalieren.

Zusammenfassend sei folgende These zu unserem Thema formuliert: Es wäre nicht realistisch, die Existenz von Widersprüchen in den kommenden Jahrzehnten zu leugnen. Es geht daher darum, die entsprechende Atmosphäre und die notwendigen Formen und Lösungswege zu finden, damit die bestehenden Widersprüche in einer solchen Situation so ausgetragen werden, daß diese nicht zu Konflikten führen können, die die Gefahr militärischer Auseinandersetzungen heraufbeschwören und die Existenz der ganzen Menschheit in Frage stellen würden.

Nikolai Poljanow

Zur Frage des Abbaus der Spannungen und Entwicklung politischer Instrumente der Zusammenarbeit

Die Konfliktforschung konnte in der letzten Zeit gewisse Erfolge verzeichnen, wenn es um die Analyse der Konfliktsituationen geht, um die Frage der Entstehung solcher Situationen im Spiegel diverser politischer und ökonomischer Strukturen. Schon das Beispiel Europas gibt im 20. Jahrhundert genügend Material für die Erforschung von Konflikten verschiedener Stärke und Tragweite. Die beiden Weltkriege sind klassische internationale Konflikte, deren Entwicklung, Eskalation und De-Eskalation dem Wissenschaftler noch genügend Kopfzerbrechen machen wird, obwohl die wichtigsten Ursachen dieser Kriege, durch das Prisma der Klassenstrukturen im Europa des 20. Jahrhunderts gesehen, vollkommen klar sind.

In diesem Beitrag gehe ich vor allem auf die gegenwärtige Lage in Europa ein, auf die Entwicklung des Sicherheitsgedankens und auf die Fortschritte auf dem Gebiet der praktischen Zusammenarbeit der europäischen Staaten verschiedener Gesellschaftsordnung in Fragen der Stabilisierung auf dem europäischen Kontinent. Vor allem ist zu betonen, daß der Sicherheitsgedanke als solcher verschieden interpretiert wurde und wird, obwohl die Definition „Sicherheit" eigentlich „gleiche Sicherheit für alle beteiligten Länder" bedeuten muß. Nichtsdestoweniger meinte unlängst der Generalsekretär der NATO – Josef Luns –, daß es nur eine „Sicherheit" geben kann, und zwar im „atlantischen Sinne". Schon so eine Feststellung korrigiert die Sicherheitsbegehren aller Staaten, die nicht im atlantischen Bereich liegen. Darum plädiere ich für einen einheitlichen Begriff „Sicherheit", der für alle annehmbar ist und für alle dasselbe bedeutet.

Bevor wir im Bereich des politischen Instrumentariums der Sicherheit verschiedene Möglichkeiten analysieren, wäre es vor allem angebracht, zu erfahren, ob diejenigen Faktoren als wahre Sicherheit angesehen werden können, die als solche von der westlichen Allianz dargestellt werden. Ich meine zum Beispiel die atlantische Präsenz in Europa. Sie ist leicht in Zahlen auszudrücken. Da sind die 300 000 Mann, die die Vereinigten Staaten in Europa unterhalten. Da sind die 24 Divisionen der atlantischen Partner im mittleren Abschnitt Europas, zu denen acht Panzerdivisionen, fast 3000 strategische und Jagdbomber sowie ungefähr 400 Aufklärungsflugzeuge gehören. Da sind auch die 7200 amerikanischen Kernsprengköpfe, die auf dem europäischen Kontinent gehortet wurden. Da sind die etwa 50 Schiffe und U-Boote der 6. amerikanischen Flotte im Mittelmeer, die zwar nicht zur NATO gehören, deren militärisches Engagement aber mit dem des Atlantikpaktes aufs engste verbunden ist.

Nun sollte man sich fragen: Bedeutet dies alles Sicherheit in Europa? Das Gegenteil ist richtig. Die NATO und die amerikanischen Streitkräfte außerhalb des Atlantikpaktes haben ihre Glaubwürdigkeit als Sicherheitsfaktor nicht nur verloren, sie haben sie eigentlich niemals gehabt! Ganz im Gegenteil: in unzähligen Fällen ist nachzuweisen, daß sie politische Spannungen zugespitzt und militärische Krisen heraufbeschworen haben. So war es 1957, als die 6. USA-Flotte an der Aggression gegen Syrien teilnahm; 1958, als die amerikanische Marineinfanterie im Libanon landete und die Intervention Englands gegen Jordanien unterstützte; so war es 1967, als die NATO-Streitkräfte im südlichen Abschnitt Europas und im Mittelmeer die Rückendeckung für die israelische Aggression gegen die arabischen Völker bildeten; so ist es heute, wo die NATO die griechischen Obristen und portugiesischen Kolonisatoren unterstützt.

In Washington gab man jährlich mehr als 14 Milliarden Dollar aus, um die amerikanische „militärische Präsenz" in Europa zu ermöglichen. Diese Präsenz diente aber niemals der Sicherheit in Europa. Und das bestätigt sogar das Pentagon selbst. Ich brauche mich hier nur auf das berühmte Dokument Nr. 10/1 zu berufen, das im Frühjahr 1969 soviel Staub in der europäischen Presse aufgewirbelt hat. Es war der geheime Pentagon-Plan für den Einsatz atomarer und bakteriologischer Waffen sowie für eine „unkonventionelle Kriegsführung in Europa", wie es damals die „New York Times" zusammenfassend darlegte. Weder das Pentagon, noch der amerikanische Stab in Heidelberg haben die Echtheit der veröffentlichten Dokumente angefochten.

Wie man sieht, hat die NATO ihre eigenen Begriffe von dem, was man unter Sicherheit versteht. Nur hat das mit tatsächlicher Sicherheit nichts zu tun. Darum waren die atlantischen Politiker und Generäle auch immer daran interessiert, daß es nicht zu einer Konferenz aller europäischen Staaten kommt. Sollte sie doch dem verkrusteten Blockdenken und der Praxis des kalten Krieges die klare und eindeutige Idee der kollektiven Sicherheit und Zusammenarbeit gegenüberstellen!

Obwohl im Hauptquartier der NATO in Brüssel und im Pentagon selbst nicht wenig dazu beigetragen wurde, daß die Vorbereitungen für eine Sicherheitskonferenz möglichst langsam laufen, konnten die atlantischen Politiker und Generäle die Bewegung in Europa in Richtung Sicherheit und Zusammenarbeit nicht stoppen. Auf die Frage „Warum nicht?" kann es wahrscheinlich nur eine Antwort geben: Das Kräfteverhältnis in Europa und in der ganzen Welt hat sich zugunsten der friedliebenden Staaten verschoben. Schon einfachste Analysen und Modellspiele ergeben, daß es im heutigen Europa eigentlich keine vernünftige Alternative zur europäischen Sicherheit gibt. So kam es, daß sich seit der Tagung des NATO-Rates in Lissabon (Juni 1971) Symptome gezeigt haben, die die Schlußfolgerungen ermöglichen, daß man auch im atlantischen Bereich, ob man will oder nicht, den Vorschlag der sozialistischen Staaten über eine europäische Sicherheitskonferenz nicht einfach vom Tisch fegen konnte.

Natürlich spricht der britische Außenminister Douglas-Home noch immer von der Notwendigkeit „harter Dialoge mit dem Osten". Natürlich sagt des öfteren auch NATO-Generalsekretär Luns etwas über die „Sowjets", die angeblich den Westen

„beherrschen wollen". Natürlich hört man auch aus dem Munde hoher NATO-Generäle gehässige Tiraden gegen die sozialistischen Staaten. Aber man konnte den Zug doch nicht in entgegengesetzter Richtung zum Rollen bringen, man konnte ihn nicht einmal stoppen. Schon am 9. November 1972 mußten alle 15 NATO-Regierungen offiziell mitteilen, daß sie an den vorbereitenden Gesprächen über eine Konferenz für Sicherheit und Zusammenarbeit in Europa teilnehmen werden.
Das war ein neuer Beweis für die überzeugende Kraft der Ideen des Friedens und der Freundschaft der Völker. Das war auch ein neuer Beweis dafür, daß das weltweite Friedensprogramm, das von dem XXIV. Parteitag der KPdSU beschlossen wurde, sich auch dort den Weg vorwärts bahnt, wo es am schwierigsten ist, nämlich im kapitalistischen Westen. Das war schließlich auch ein neuer Beweis dafür, daß wichtige Ereignisse in der Weltpolitik, die vor allem durch die Initiative der Sowjetunion und anderer sozialistischer Länder zustande gekommen sind, die politische Atmosphäre weitgehend beeinflußt und ein neues Kapitel in den zwischenstaatlichen Beziehungen ermöglicht haben. Es wäre hier nur an die sowjetisch-französischen, sowjetisch-amerikanischen Dokumente zu erinnern, in denen die Leninschen Prinzipien der friedlichen Koexistenz in einer international rechtsverbindlichen Form verankert wurden. Es wären auch die Verträge zu erwähnen, die von der Sowjetunion, Polen und der DDR mit der BRD unterzeichnet wurden. Dies alles brachte einen politischen Wandel in Europa zustande, der die siebziger Jahre auf das markanteste prägt.
Jetzt, wo in Helsinki die Botschafter von 34 Staaten an einem Tisch zusammensitzen, ist es vorteilhaft, die Substanz der Sache nüchtern zu betrachten, um nicht den Fehler mancher westlicher Zeitungen zu machen, die sich so gerne in die zweideutige Welt der Sensationen begeben.
Es stellt sich die Frage: Wurde bis jetzt viel oder wenig geleistet? Die Antwort könnte lauten: Ja und nein. Es wurde viel geleistet, wenn man bedenkt, daß es im Westen unzählige Skeptiker gab, die den multilateralen Konsultationen in Helsinki eine Sitzungszeit von vielen Monaten, ja sogar etlichen Jahren

prophezeiten. Obwohl die Besprechungen nicht öffentlich sind, kann man der Presse entnehmen, daß bis jetzt nicht unwichtige Prozedurfragen der Organisation der Sicherheitskonferenz durchdiskutiert wurden. Schon selbst die Tatsache, daß sich zu diesen Diskussionen 32 europäische Staaten, die USA und Kanada zusammengefunden haben, ist von historischer Bedeutung. Es ist doch bemerkenswert: Heute stellt schon keiner die Notwendigkeit einer europäischen Sicherheitskonferenz in Frage; heute sind sich alle beteiligten Staaten darüber einig, daß so eine Konferenz zustandegebracht werden kann und muß. Vor fünf, sechs Jahren war es anders.

Die geleistete Arbeit ist nicht gering, wenn man weiter bedenkt, daß alle Staaten ihren Standpunkt zu den Prozedurfragen der Sicherheitskonferenz äußern konnten, daß kein Diplomat benachteiligt wurde und daß sich aus den gemeinsamen Konsultationen ein sachliches und faires Gespräch entwickelt hat.

Gleichzeitig könnte man aber sagen, daß bis jetzt noch wenig geleistet wurde, wenn man den innigsten Wunsch der Europäer im Auge hat, möglichst schnell ein System der kollektiven Sicherheit und Zusammenarbeit auf unserem Kontinent zu schaffen! Nicht umsonst betonte der Generalsekretär des ZK der KPdSU, Leonid Breschnew, in seiner Rede auf der Festsitzung in Moskau anläßlich des 50. Gründungstages der UdSSR: „Die Völker setzen in die Gesamteuropäische Konferenz große Hoffnungen. Sie erwarten, daß sich die Konferenz mit grundlegenden Problemen der Festigung des europäischen Friedens befassen, daß sie Mißtrauen und Frucht, die vom ‚kalten Krieg‘ hervorgebracht worden sind, ein Ende setzen und den Europäern das Gefühl einer sicheren Zukunft geben wird. Meines Erachtens würde der Erfolg ihrer Arbeit auch in die Beziehungen zwischen den Staaten Europas und den nichteuropäischen Konferenzteilnehmern – den USA und Kanada – nützliche, gesunde Elemente hineintragen."

Die multilateralen Konsultationen gehen weiter, und der Beobachter kann sich schon ein Bild darüber machen, wie die Vorstellungen der Sowjetunion und der anderen sozialistischen Länder über die Tagesordnung der Sicherheitskonferenz aussehen. Ich meine damit nicht zuletzt die sowjetischen Vorschläge zur Tagesordnung, die von den sozialistischen Staaten unterstützt wurden und im allgemeinen große Beachtung gefunden haben. So wurde vor allem vorgeschlagen, das Problem der Garantie der europäischen Sicherheit und der Prinzipien der Beziehungen zwischen den Staaten in Europa als ersten Punkt in der Tagesordnung zu behandeln, wobei die Frage der Unantastbarkeit der bestehenden Grenzen absoluten Vorrang genießen muß. Dies erscheint deshalb realistisch, weil Europa hier auf eine gewisse Vorleistung zurückblicken kann. Zum Beispiel wird im Vertrag Sowjetunion–BRD die Notwendigkeit der Sicherheit in Europa in drei Paragraphen von insgesamt fünf erwähnt und unterstrichen. Dasselbe könnte man von den sowjetisch-französischen, sowjetisch-amerikanischen und anderen Dokumenten sagen.

Was die Prinzipien der zwischenstaatlichen Beziehungen betrifft, so sind sie, wie oben erwähnt, in wichtigen international verbindlichen Dokumenten bereits dargelegt. Mit anderen Worten: man hat auch in diesem Bereich einen Weg gefunden, den man erweitern und fortführen könnte. Schließlich hat die Praxis der zwischenstaatlichen Beziehungen auch eine so neue Form gebracht wie die ständigen politischen Konsultationen zwischen Staaten von verschiedener gesellschaftlicher Ordnung. Denken wir nur an die sowjetisch-französischen, sowjetisch-kanadischen Konsultationen oder an die regelmäßigen politischen Kontakte zwischen der Sowjetunion und der BRD. Wenn wir diese Erwägungen berücksichtigen, müssen wir zugeben, daß der erste Punkt der sowjetischen Vorschläge zur Tagesordnung genau auf die heutigen politischen Zustände in Europa zugeschnitten ist. Dieser Punkt ist nicht aus der Luft gegriffen, sondern aus dem Leben selbst, und darum ist seine Verwirklichung nicht nur wünschenswert, sondern auch möglich.

Der zweite Punkt der sowjetischen Vorschläge sieht vor, daß auf der Europäischen Sicherheitskonferenz auch die Frage der Handelsbeziehungen sowie der wirtschaftlichen und wissenschaftlich-technischen Kontakte auf gleichberechtigter Grundlage debattiert werden könnte, einschließlich des Problems des

Umweltschutzes. Auch dieser Vorschlag basiert auf realistischen Erwägungen; auch hier kann Europa auf gewisse Vorleistungen zurückblicken, die auf bilateraler Ebene vollzogen wurden. Man könnte sogar sagen, daß uns das Ende der sechziger und der Anfang der siebziger Jahre allmählich zu einem neuen System bilateraler wirtschaftlicher Beziehungen gebracht haben, wobei die langfristigen Handelsverträge zwischen den sozialistischen und kapitalistischen Staaten besonders wichtig und bemerkenswert sind sowie die Großraumprojekte (Pipelines, gemeinsamer Bau von großen Industriewerken usw.), deren Vorteile für die Stabilisierung der wirtschaftlichen Beziehungen nicht zu unterschätzen sind. Ich will hier an ein altes Wort des Amerikaners Alexander Hamilton erinnern, das heute ebenso wahr ist wie im 18. Jahrhundert: „Dem Geist des Handels wohnt eine Tendenz inne, das Verhalten der Menschen zu besänftigen und jene Flammen auszulöschen, die schon so oft einen Krieg entfacht haben."

Solche Worte erscheinen besonders weise, wenn man berücksichtigt, daß der schöpferische Geist der heutigen Praxis schon seine *eigenen Instrumente* für die Stabilisierung und Erweiterung der wirtschaftlichen Beziehungen zwischen Ost und West ins Leben gerufen hat. Ich meine damit die sogenannten „Gemischten Kommissionen", die in einigen Fällen schon seit Jahren (z. B. Sowjetunion–Frankreich) fruchtbare Arbeit vollbringen und immer neue Horizonte der Zusammenarbeit erschließen.

Selbstverständlich ist auch für den Westen die Perspektive der Ausweitung der wirtschaftlichen Zusammenarbeit von großem Vorteil. Zeigte sich doch gerade in der letzten Zeit, daß man die wirtschaftlichen Probleme Westeuropas nicht im Rahmen sogar eines erweiterten Gemeinsamen Marktes lösen und die Wege zur Gesamteuropäischen Zusammenarbeit eigentlich gar nicht umgehen kann. Diese Wege führen, wie die sowjetischen Wissenschaftler nicht nur einmal aufgezeigt haben, in weite, fast phantastisch anmutende Bereiche. Man denkt dabei an ein großzügiges Netz der Energieversorgung Europas durch gemeinsame Atomkraftwerke, an gesamteuropäische Kommunikationen durch Verwendung irdischer (Straßen, Eisenbahn usw.)

und kosmischer (Sputniks, Fernseh- und Telefonstationen im All usw.) Faktoren. Auf der Tagesordnung stehen auch nicht unkomplizierte Probleme der sachlichen Beziehungen zwischen den in Europa bestehenden zwischenstaatlichen Handels- und Wirtschaftsorganisationen, zwischen dem RGW und dem „Gemeinsamen Markt". Wenn sich die EG-Staaten jeglicher Diskriminierungsversuche der anderen Seite gegenüber enthalten, wenn sie zur Entwicklung natürlicher, bilateraler Beziehungen und der Gesamteuropäischen Zusammenarbeit beitragen werden, dann könnte man wahrscheinlich auch diese schwierigen Probleme lösen.

Ein wichtiges Instrument für den Abbau von politischen Spannungen stellt auch der dritte Vorschlag der Sowjetunion in Helsinki dar, und zwar der Vorschlag über den Austausch von Kulturgütern, von Informationen und Menschen. So ein Austausch wäre von großer Bedeutung für die Festigung des gegenseitigen Vertrauens der europäischen Völker.

Und schließlich der letzte Punkt des sowjetischen Vorschlags: die Frage der Schaffung eines Organs für Sicherheit und Zusammenarbeit in Europa zu behandeln. Dieses Organ könnte nach der Konferenz die gemeinsame Arbeit bei der Abstimmung weiterer gemeinsamer Schritte fortsetzen, könnte wichtige Fragen der europäischen Zusammenarbeit bewältigen.

Es ist keine Zukunftsmusik, wenn man schon jetzt über all das spricht. Aktionen der politischen und wirtschaftlichen Zusammenarbeit, die man vor zehn Jahren, mitten im kalten Krieg, noch für unmöglich hielt, sind heute Gegenstand diplomatischer Besprechungen. Beim Ausblick auf die nächsten Jahre sollte man auch einen Rückblick wagen. Dann sieht man nämlich besonders klar, was für einen weiten Weg Europa schon zurückgelegt hat, obwohl der Weg, der unserem Kontinent noch bevorsteht, nicht kurz und auch nicht leicht ist.

Edith Oeser

Das Völkerrecht als Mittel zur De-Eskalation internationaler Konflikte

Im Mittelpunkt der Diskussion standen bisher das Wesen internationaler Konflikte, ihre Ursachen, Fragen der Typisierung usw. Es ist aber sicher nützlich, sich auch mit den Mitteln und Methoden der Eindämmung, Beseitigung oder – wie es hier heißt – der De-Eskalation internationaler Konflikte zu befassen. Wenn wir das tun, müssen wir stärker den Gegenstand herausarbeiten, mit dem wir uns hier befassen. Es genügt m. E. nicht darzulegen, daß die Grundlage internationaler Konflikte der Systemantagonismus zwischen Kapitalismus und Sozialismus ist, oder daß die „Struktur der internationalen Gesellschaft", nämlich ihre nationalstaatliche Organisation, eine wesentliche Ursache für die Konflikteskalation sei, weil sie ein „organisiertes Vorurteil" darstelle usw. (Senghaas).

Wir müssen uns verdeutlichen, daß wir auf diesem Wege kaum praktikable Vorschläge für die Lösung internationaler Konflikte finden werden; denn wir verwischen die Tatsache, daß internationale Konflikte nur ein *Teil* der internationalen Beziehungen überhaupt sind. Das führt zur Überschätzung des Konflikts und zur Unterschätzung der friedlichen internationalen Zusammenarbeit zwischen den Staaten, auch von denen, die verschiedene und sogar entgegengesetzte soziale Systeme repräsentieren. Wir sollten auch stärker hervorheben, daß es uns nicht um jede Art von internationalen Konflikten geht, sondern primär um die zwischen*staatlichen*. Unser Anliegen besteht doch darin mitzuhelfen, daß solche Konflikte eingedämmt und womöglich beseitigt werden, die die gesamte internationale Atmosphäre vergiften, die mehr oder weniger die Lebensinteressen aller Völker beeinträchtigen, wie die USA-Aggression in Vietnam oder die illegale Okkupation arabischer Territorien durch Israel. Das Typische an dieser Art internationaler Konflikte besteht gerade darin, daß sie in dieser Schärfe und mit diesen Konsequenzen undenkbar wären, wenn sie nicht auf seiten der Verursacher – der Bourgeoisie verschiedener imperialistischer Länder –, aber auch auf seiten der Opfer unter Einsatz aller Mittel ausgetragen würden, insbesondere unter Einsatz der gesamten Staatsmacht.

Wenn wir die Klassenkräfte, die an solchen Konflikten beteiligt sind, herausarbeiten, ohne die entscheidenden Instrumente dieser Klassenkräfte – die Staaten – zum Angelpunkt aller Überlegungen für die Überwindung der Konflikte zu machen, so unterliegen wir der Gefahr, Konfliktursachen innerhalb eines Staates und international undifferenziert zu bewerten, die innerstaatlichen Wurzeln dieser Konflikte zum Gegenstand internationaler Diskussion, Auseinandersetzung und Untersuchung zu machen. Die Forderung nach De-Eskalation internationaler Konflikte wäre dann auf die Beseitigung aller Ursachen des jeweiligen Konflikts gerichtet, d. h. aber auf die Lösung des Grundwiderspruchs unserer Zeit zwischen Sozialismus und Kapitalismus. Eine solche De-Eskalationstheorie läuft darauf hinaus, alles oder nichts zu verlangen. Das wäre nicht nur unrealistisch, sondern bedeutete Intervention in die inneren Angelegenheiten der Staaten. Das würde sicher nicht zur De-Eskalation, sondern zur Eskalation internationaler Konflikte führen.

Wenn wir uns den Fragen der De-Eskalation internationaler Konflikte zuwenden, so ist es also nützlich, zu unterscheiden zwischen den Konflikten, die *im Inneren* eines Staates existieren, und jenen, die *zwischen* den Staaten existieren, nicht etwa weil es da keine Zusammenhänge gäbe, sondern weil die Mittel und Methoden für ihre Lösung verschieden sind und verschieden sein müssen. Die gegenwärtige „Struktur der internationalen Gesellschaft", d. h. die Existenz souveräner Staaten, ist eine historisch gewachsene Gegebenheit, und die internationale Entwicklung in allen Teilen der Welt zeigt, daß das noch eine Weile so bleiben wird.

Wir sollten deshalb den Versuch machen, zur De-Eskalation *internationaler* Konflikte mit *internationalen* Mitteln und Methoden beizutragen, wohl wissend, daß die internationalen

Beziehungen „abgeleitete Produktionsverhältnisse" sind (Marx), daß also die verschiedensten Zusammenhänge und Verbindungen zwischen internationalen Zusammenstößen und Widersprüchen innerhalb verschiedener Staaten bestehen.
Wenn wir diesen Versuch machen, so zeigt sich, daß wir nichts Neues zu erfinden brauchen. Gleichgültig, ob wir es mit Streitigkeiten allgemein-politischer Natur oder ökonomisch-politischer Art, mit Grenzstreiten oder Schadensersatzansprüchen zu tun haben: die Staatenpraxis hat bereits Mittel und Methoden entwickelt, die der Beilegung solcher Konflikte dienen. Man kann sogar sagen, daß das Völkerrecht ein Instrument zur De-Eskalation internationaler Konflikte darstellt und bereit steht, um in dieser Richtung genutzt zu werden.
Diese Funktion kann das heutige Völkerrecht deshalb erfüllen, weil es seinem Wesen nach nicht nur auf eine so begrenzte Aufgabe – wie die De-Eskalation internationaler Konflikte – orientiert ist, sondern, gestützt auf die souveräne (juristische) Gleichheit aller Staaten und das Selbstbestimmungsrecht der Völker, die friedliche internationale Zusammenarbeit aller Staaten organisieren hilft. Es geht darum, daß diese Zusammenarbeit auch dann friedlich funktioniert und bleibt, wenn die Staaten im Konflikt (Streit) miteinander leben, der in der Regel Teilgebiete dieser Beziehungen, nicht aber diese Beziehungen in toto erfaßt.
Die Sicherung dieser Zielsetzung geschieht durch zwei Dinge, die bei genauer Betrachtung zwei Seiten der gleichen Medaille sind: durch die Einigung darauf, daß kein Konflikt mit militärischen Mitteln (oder im weiteren Sinne: Gewaltandrohung oder -anwendung) gelöst werden darf (Art. 2 Abs. 4 der UN-Charta), und durch die entsprechende Verpflichtung, alle Streitigkeiten ausschließlich mit friedlichen Mitteln zu lösen (Art. 2 Abs. 3 UN-Charta). Die von der Staatenpraxis entwickelten Mittel zur friedlichen Regelung internationaler Streitigkeiten sind heute zusammenfassend – wenn auch nicht erschöpfend – in Art. 33 der UN-Charta niedergelegt:
„Die Parteien irgendeines internationalen Streitfalles, dessen Fortdauer geeignet ist, die Aufrechterhaltung des Weltfriedens

oder der internationalen Sicherheit zu gefährden, sollen dessen Lösung zu finden suchen vor allem durch: Verhandlungen, Untersuchungen, Vermittlung, Vergleich, Schiedsspruch, gerichtliche Regelung, Inanspruchnahme regionaler Organe oder Abmachungen oder durch andere friedliche Mittel eigener Wahl."

Verhandlungen werden hier zuerst genannt und in der Staatenpraxis tatsächlich am meisten genutzt und werden u. a. deshalb an Bedeutung gewinnen, weil sie nicht nur ein Mittel der Streitbeilegung oder der Konfliktlösung darstellen, sondern weil sie ein Mittel des Verkehrs zwischen den Staaten überhaupt, ein Mittel der Diplomatie sind. Vermittlung bedeutet praktisch, daß eine dritte Seite (Staat oder Experten) an den Verhandlungen der Streitpartner teilnimmt und versucht, ihnen einen Lösungsvorschlag zu unterbreiten. In Gestalt der UNO existiert heute ein ständiges Vermittlungsorgan, an das sich die Streitparteien – auch Nichtmitglieder – jederzeit wenden können (Kapitel VI der UN-Charta). Das Untersuchungsverfahren bedeutet, daß die Streitteile dritte Staaten oder Experten beauftragen, den Tathergang (Konfliktentstehung oder Teile davon) zu rekonstruieren, die Fakten klarzustellen usw. In diesem Verfahren soll das Material für eine gerechte und dauerhafte Lösung des Konflikts aufbereitet werden.

Das Vergleichs-Verfahren stellt praktisch eine Kombination der Vermittlung und der Untersuchung dar.

Alle diese – auf Verhandlungen aufbauenden – Verfahren nennt man diplomatische Mittel der friedlichen Streitbeilegung.

Daneben existieren die gerichtlichen Mittel, die Schiedsgerichtsbarkeit und die organisierte Gerichtsbarkeit (z. B. der Internationale Gerichtshof der Vereinten Nationen). Der Unterschied zwischen beiden besteht darin, daß bei der Schiedsgerichtsbarkeit die Parteien ihr Gericht mit Richtern eigener Wahl besetzen, das anzuwendende Recht und auch das Verfahren bestimmen, nach dem das Gericht arbeiten soll. Bei der organisierten Gerichtsbarkeit hingegen wird das Gericht nach einem feststehenden Wahlverfahren gebildet und im Rahmen einer Satzung tätig, die beim IGH der UNO z. B. Bestandteil der UN-Charta ist.

Dieser kurze, nicht erschöpfende Überblick soll zeigen, daß es *internationale* Verfahren zur Lösung *internationaler* Konflikte gibt. Die Staaten bedienen sich ihrer tagtäglich. Wir müssen sie deshalb in unsere Untersuchungen zur Lösung internationaler Konflikte einbeziehen.

Man kann einwenden, daß das alles interessant ist, aber im Bedarfsfalle wenig nützt, denn, wie es z. B. die verbrecherische Kriegführung der USA in Vietnam zeigt, werden diese Verfahren und Normen gebrochen. So bedauerlich und verurteilenswert die Fakten und Handlungen sind, auf die hier Bezug genommen wird, so sagen sie doch nichts über die Bedeutung des Völkerrechts als Mittel der Konfliktlösung aus. Es verhält sich hier ganz ähnlich wie im Inneren eines Staates. Aus der Tatsache, daß ein Dieb oder Einbrecher die Rechtsordnung verletzt, schließt gewöhnlich niemand, daß das Recht selbst sinnlos, gegenstandslos oder zur Regulierung gesellschaftlicher Prozesse ungeeignet wäre. Das Völkerrecht ist nicht das einzige Mittel, es ist *ein* Mittel zur Lösung internationaler Konflikte, aber es hat die Eigenschaft, zur Lösung internationaler Konflikte *jeder Art* beitragen zu können.

Diese Auffassung steht im Gegensatz zu der von Dieter Senghaas, der ausdrücklich feststellt:

„Es gibt angesichts der in der internationalen Gesellschaft beobachtbaren Konfliktpotentiale keinen friedenspolitischen passepartout, keine einheitlichen praktischen Handlungsdevisen, die auf alle konkreten Situationen gleichermaßen anwendbar wären..."

Dieser Gegensatz rührt aus den Fragen her, die eingangs aufgeworfen wurden: Was ist der Gegenstand der De-Eskalation internationaler Konflikte? Reicht dieser Gegenstand von den Ursachen der Konflikte im Inneren eines Staates bis zu deren Beseitigung, was theoretisch auf eine Identifizierung der Grundwidersprüche mit ihren internationalen Erscheinungsformen – z. B. Konflikten – hinausläuft, oder bezieht er sich „nur" auf die Suche nach günstigen Formen und Methoden, mit denen diese Widersprüche international ausgetragen werden? Es ist nicht wenig anzunehmen, daß das letztere der Fall ist; denn das bedeutet, mit allen Mitteln dahin zu wirken, daß das bestehende juristische Verbot der Gewaltanwendung in den internationalen Beziehungen tatsächlich durchgesetzt, daß die friedliche Koexistenz gesichert wird.

Asbjørn Eide

Vorläufige Überlegungen zum Problem der De-Eskalation

Konflikte sind nicht zwangsläufig unerwünscht, sie sind häufig die Wegbereiter des Fortschritts. Oft werden sie jedoch zum Hemmschuh für den Fortschritt, wenn die faktische oder die potentielle Gewalt über ein Mindestmaß hinausgeht oder wenn die Beteiligung am Konflikt sich zu Formen steigert, die zu einer wesentlichen Zentralisierung und Beherrschung führen.

In beiden Fällen ist der wichtigste Gegenstand für Bemühungen um eine De-Eskalation der „Kalte Krieg", die Konfrontation zwischen den kapitalistischen und sozialistischen Machtzentren.

Glücklicherweise erleben wir heute Entwicklungen, die Grund für die Hoffnung bieten, daß eine derartige De-Eskalation wirklich stattfinden wird. Die Konferenz über Sicherheit und Zusammenarbeit in Europa (KSZE) ist ein höchst wichtiger Schritt. Sie kann ein Instrument für die geplante und symmetrische Beseitigung der während der Polarisierungsperiode entwickelten Kriegsstruktur und des sie stützenden militärischen und bürokratischen Apparates werden. Es besteht natürlich keine Gewißheit, daß dieser Fall eintreten wird, denn diese Apparate haben die Fähigkeit, trotz der Ausschaltung der für ihr Entstehen vorhandenen Faktoren eine Rechtfertigung für ihren weiteren Bestand zu finden. Mit einem Satz von Senghaas gesprochen, wird es eine Aufgabe der Friedensforscher sein, die von den Vertretern dieser Apparate verwendeten Methoden transparent zu machen und zu erreichen, daß sie die öffentliche Meinung ablehnt.

Die in der letzten Zeit abgeschlossenen Abkommen über Fragen, die seit Jahrzehnten eine ungeheure Spannung in Europa verursacht haben, sind an sich wichtige Schritte im Prozeß der Deeskalation. Die Anerkennung der DDR, die bald universell sein wird, ist bis heute der bedeutendste Markstein.

Die nächsten Bemühungen für die De-Eskalation werden einseitiger sein müssen, und zwar handelt es sich dabei um den Abbau des amerikanischen Apparats für die Überwachung der nichtsozialistischen Welt. Auf diesem Gebiet benötigt man zunächst ein besseres faktisches Wissen über die für diesen Zweck verwendeten Mittel und ihre schwachen Punkte. Interventionskräfte sind am augenfälligsten und werden daher am stärksten abgelehnt. „Gegenguerilla-Experten", die trachten, Polizeisöldner unter den Mitgliedern der regulären Polizei in abhängigen Ländern der Dritten Welt zu formieren, bilden ein weiteres ernstes Bindeglied im Kontrollapparat. Ihre Tätigkeit und ihr Aufenthalt sollten voll ans Licht gebracht werden, was ein erster Schritt zu ihrer Entfernung wäre. Der nächste Schritt wäre die Bildung einer genügend starken öffentlichen Meinung gegen ihren Einsatz, um die Erscheinung der amerikanischen „Gegenguerillas" vollständig zu beseitigen. Aber der Kontrollapparat arbeitet auch mit anderen Methoden. Eine Methode ist die Ausbildung von Militäroffizieren aus Entwicklungsländern in den Vereinigten Staaten und in anderen Metropolen des Kapitalismus. Diese Ausbildung und ihre Auswirkungen sollten eingehender studiert werden, um festzustellen, in welchem Zusammenhang sie mit den amerikanischen Kontrollbemühungen steht.

Akuter ist die Forderung nach dem Rückzug der USA aus Indochina, Korea und Thailand, um bloß drei große Gebiete zu erwähnen, wo nach der Kontrolle gestrebt wird. Während im Falle Koreas eine De-Eskalation stattzufinden scheint, ist dies in Indochina viel ungewisser. Die Umwandlung der direkten amerikanischen Militärintervention in ein System der technologischen Kriegsführung mit amerikanischer Hardware und der Bereitstellung von vietnamesischer Software durch das Satellitenregime kann nicht als bedeutender Schritt der De-Eskalation angesehen werden. Die Tatsache, daß das Saigon-Regime die drittgrößte Luftwaffe der Welt erhalten hat, zeigt, welch ein Monstrum die USA in ihrem Bemühen geschaffen haben, Indochina zu kontrollieren.

Der amerikanische Kontrollapparat über die nichtsozialistische

Welt kann als Tintenfisch bezeichnet werden, der mit seinen Greifarmen nach Andeutungen oder Signalen eines lokalen Konflikts sucht, um ihn zu aktivieren.
Einige Elemente eines solchen Apparats existieren auch in anderen kapitalistischen Metropolen, insbesondere die Überreste jener Apparate, die für die koloniale Kontrolle verwendet wurden (Vereinigtes Königreich, Frankreich). Sie sind aber derzeit weitaus weniger hoch entwickelt, da ihre Rollen in großem Maße von den Vereinigten Staaten übernommen worden sind. Bloß Frankreich zögerte, die amerikanische Übernahme zu aktzeptieren und hält daher seinen eigenen Apparat in den früheren französischen Kolonien aufrecht. Wir sollten nicht ausschließen, daß die Europäische Gemeinschaft einen solchen eigenen Apparat aufbauen wird, da sie allmählich versucht, die westeuropäische Vorherrschaft in Afrika und an anderen Orten wieder geltend zu machen. Es sollte auch die Möglichkeit nicht ausgeschlossen werden, daß Japan etwas Ähnliches für den Einsatz in bestimmten Teilen Asiens entwickeln könnte.
Manche Leute werden vielleicht sagen, daß die sozialistische Welt vor der Bildung solcher Werkzeuge für die Beherrschung und Kontrolle immun ist. Ich teile diese Ansicht nicht. Die kapitalistische Einkreisung und Interventionspolitik kann eine der *Hauptursachen* für die Bürokratisierung und das Wachstum eines Kontrollapparats in der Sowjetunion gewesen sein. Es besteht aber derzeit eine Kapazität für die Intervention und Unterjochung, die gelegentlich innerhalb der sozialistischen Welt verwendet worden ist. Was immer auch die *Rechtfertigungen* waren, die für solche Interventionen aufgeführt wurden (und einige dieser Rechtfertigungen können verstanden, aber nicht akzeptiert werden), haben diese Kontrollaktionen eine negative Auswirkung auf die Bereitschaft des Westens gehabt, seine eigenen Kontrollwerkzeuge zurückzuziehen.
Besteht eine Wahrscheinlichkeit, daß eine De-Eskalation im Sinne einer Inaktivierung solcher Kontrollapparate in der nahen Zukunft stattfinden kann?

Die potentiellen Verwendungsmöglichkeiten der UNO
Unzulänglichkeiten und Fehler der Vergangenheit

Die Vereinigten Nationen könnten ein denkbar wichtiges Werkzeug für die Begrenzung und Lösung von Konflikten sein. Ihre Leistung war aber in der Vergangenheit in vieler Hinsicht wenig positiv. Dies lag zum Teil an strukturellen Unzulänglichkeiten. Bis um 1960 hatten die Westmächte und besonders die Vereinigten Staaten einen vorherrschenden Einfluß auf die Organisation. Dies führte zu einer Verwendung der Organisation, die dem amerikanischen Konzept der Konfliktkontrolle, d. h. der Eindämmung der sozialistischen Expansion und dem Einfrieren anderer Konflikte sehr nahe kam. In bezug auf die „Eindämmung" der sozialistischen Expansion war der Westen unfähig, zwischen den bodenständigen sozialistischen Befreiungsbewegungen in der Dritten Welt und dem, was sie in einer Etappe als von Moskau ausgehende Expansion sahen, zu unterscheiden. Eine der Folgen der schweren Verkennungen war der tragische Vietnamkrieg.

Das „Einfrieren" von Konflikten, das in anderen Fällen (Kaschmir, Mittlerer Osten) verfolgt wird, unterscheidet sich sehr stark von dem, was ich als Begrenzung eines Konflikts bezeichnen möchte. Der Unterschied besteht darin, daß eine vermittelnde Truppe oder Beobachtungsgruppe eingerichtet wurde, um die Parteien daran zu hindern, sich gegenseitig über eine Demarkationslinie anzugreifen. Aber eine Unterstützung der Parteien von außen durch fortgesetzte Waffenlieferungen und durch eine Reihe anderer Möglichkeiten wurde nicht verhindert. Dies führt zu einer ziemlich krankhaften Dynamik des Konflikts, die für die innerhalb des Konfliktsystems Lebenden verheerend ist, aber für jene befriedigend sein kann, die Waffen exportieren oder Einfluß gewinnen wollen. Die Vereinten Nationen haben sich nicht helfend hervorgetan, die Konflikte zu lösen. Ich möchte behaupten, daß dies unmöglich ist, wenn es keine Abschirmung des Konfliktsystems von einer äußeren Beteiligung gibt. Solange eine oder mehr Parteien auf ihre Hoffnungen bauen können, Unterstützung von außen zu bekommen, neigen sie zu Kompromißlosigkeit und zeigen keinen Willen, einen Teil ihrer Machtposition aufzugeben.

Die sich ändernden Vereinten Nationen

Während des letzten Jahrzehnts hat sich die Zusammensetzung der Vereinten Nationen weitgehend geändert. Die Mehrheit besteht derzeit aus Ländern der Dritten Welt; darunter befinden sich viel mehr als früher, die von keinem spezifischen Industriestaat abhängen. Das Resultat war eine Reihe von Beschlüssen, die jenen immer weniger gefallen, welche früher die Organisation beherrschten und daher heute ihre Unterstützung für die Organisation verringern.

Man sollte aber aufzeigen, daß die Entwicklung hinsichtlich der Effizienz der Vereinten Nationen zu einer problematischen Situation geführt hat. Es sind heute jene Staaten in der Mehrheit, welche die geringsten der derzeit wirksamen materiellen Ressourcen im internationalen System kontrollieren (Militärkapazität, Produktionskapazität, Transportkapazität usw). Beschlüsse können daher als einigermaßen „unrealistisch" angesehen werden, da sie nicht von einer solchen Macht gestützt werden können, die abhängig ist von der Kontrolle der Ressourcen. Das ist aber eine zu vereinfachende Auffassung, da sie die verschiedenen möglichen Rollen der Vereinten Nationen nicht berücksichtigt.

Rollen der UNO: Darlegung, Gesetzgebung (auch Quasi-Gesetzgebung) und Aktion

Es gibt Leute, welche die Wirksamkeit der UNO einzig nach den durchgeführten Aktionen beurteilen. Eine wichtige Aufgabe ist jedoch auch die Darlegung der Interessen einschließlich der Aufzeigung der Widersprüche und Gegensätze. Im besonderen übt die Organistaion der Vereinten Nationen hier eine wichtige Funktion aus, da sie ein Forum bietet, in dem die einstmaligen Kolonien, die heute Staaten geworden sind, durch ihre Vertreter die Ungerechtigkeiten aussprechen können, denen sie durch das System der Beherrschung und Abhängigkeit in der internationalen Struktur ausgesetzt sind. Nicht alle machen von diesem Forum Gebrauch. Einige sind Satellitenregierungen, die nicht Stellung nehmen wollen. Es gibt aber eine wachsende Zahl von Staaten, die es tun. Dabei ergeben sich zwei wichtige Dinge: Erstens hilft diese Aussprache, das Bewußtsein und die gemeinsame Stellungnahme der Entwicklungsländer in verschiedener Hinsicht zu festigen (UNCTAD ist eines der besten Beispiele). Zweitens fördert sie das Verständnis der Zentren der herrschenden Staaten für die negativen Folgen der Beherrschung.

Diese Rolle kann durch *Gesetzgebung* (und Quasi-Gesetzgebung) noch weiter untermauert werden. Die UNO-Deklarationen und Resolutionen wirken sich zunehmend auf die Entwicklung des Völkerrechts aus. Wo das herkömmliche Recht unklar ist, versuchen die UNO-Deklarationen, ihm einen präziseren Inhalt zu geben. Dies gilt auch für die Einschränkung von Konflikten, wie sich dies im letzten Jahrzehnt gezeigt hat, angefangen von der berühmten Resolution über die Entkolonisierung in 1960, der Erklärung über die Nichtintervention bis zu den Prinzipien über freundschaftliche Beziehungen zwischen Staaten.

Nur im Rahmen des oben Gesagten ist es möglich, einen Weg zur „Friedenserhaltung" zu gehen, der die Irrtümer der Vergangenheit vermeidet. Es ist hier nicht der Platz, diese vielschichtigen Fragen im einzelnen zu behandeln, aber ich möchte zwei grundlegende Komponenten aufzeigen: Erstens muß die UNO-Aktion in Form einer Beobachtergruppe oder einer militärischen Truppe den Konflikt von einer Beteiligung von außen abschirmen, was auch jede Bereitstellung von Waffen, Söldnern und andere Formen der Unterstützung der Parteien einschließt. Zweitens muß sie helfen, eine Lösung herbeizuführen. Dies wird um so wahrscheinlicher, wenn das Konfliktsystem abgeschirmt ist. Wer immer in einer Position der Herrschaft ist, wird finden, daß es schwierig ist, eine Politik der Unterdrückung und Kontrolle zu verfolgen, wenn keine Unterstützung von außen erreicht werden kann.

Die UNO wird während ihrer Anwesenheit auch massive Verletzungen der Menschenrechte in der Form von Massakern und geplanter Hungersnot vermeiden müssen. Diese Verhinderung ist wichtig für die Entwicklung einer Atmosphäre für die Lösung von Konflikten. Dies ist auch entscheidend, um eine Intervention von äußeren Mächten zu verhindern. Sie könnten ansonsten von der öffentlichen Meinung unter Druck gesetzt werden und das Verbot der Nichtintervention mißachten.

Es gibt viele Aspekte dieser Fragen, die in diesem kurzen Papier nicht erörtert werden können. Mein Hauptinteresse war aber darauf ausgerichtet, das Augenmerk von der „Konfliktkontrolle" auf die „Konflikteinschränkung", die Lösung der Konflikte und nicht auf ihre „Beilegung" zu verschieben.

Friedhelm Solms

Zum Zusammenhang von Rüstungsdynamik und ökologischer Krise

Neben der Angst vor der tödlichen Wirkung der Atomwaffen, mit der wir seit mehr als 20 Jahren leben müssen, gibt es noch eine weitere Bedrohung, deren mögliche Konsequenzen ähnlich wie im Falle der Atomwaffen oft in apokalyptischen Bildern beschrieben werden: die ökologische Krise. Gemeint ist die fortschreitende Zerstörung der menschlichen Biosphäre durch die Folgen einer Produktions- und Wirtschaftsweise, die sich an der rücksichtslosen Ausbeutung der natürlichen Ressourcen orientiert. Das vielerorts bereits nicht wiederherstellbare ökologische Gleichgewicht mit allen Folgen für die Umwelt des Menschen macht drastisch klar, daß die Gefahr, die hier droht, nicht länger ausschließlich nur ein Thema für Science-fiction ist. Man kann aus vielerlei politischen wie methodischen Gründen die kürzlich erschienene MIT-Studie „Limits to Growth" kritisieren, und ich meine, es gibt dazu, wenn ich an die empfohlenen Maßnahmen insbesondere mit Blick auf die sich entwickelnden Länder denke, viel Anlaß. Eines jedoch läßt sich anhand der dort vorgelegten Berechnungen kaum mehr grundsätzlich bestreiten: Unterstellt man unter den gleichen Bedingungen wie bisher ein exponentiales Wachstum, dann allerdings läßt sich „the point of no return" für das Überleben der Menschheit prinzipiell absehen, wenn auch mit den gegenwärtigen methodischen Mitteln zeitlich exakt nicht fixieren. Es mag dann tatsächlich nur noch eine Frage des Geschmacks sein, was man unerträglicher findet: eine durch Umweltschäden unbewohnbar gewordene oder eine durch Atomwaffen zerstörte Erde.

Nun ist es offensichtlich, daß die Glaubwürdigkeit der Abschreckung zentral von der permanenten intellektuellen Möglichkeit und ökonomischen Ermöglichung technologischer Innovationen abhängt. Andererseits läßt es sich wahrscheinlich machen, daß, wenn überhaupt, nur eine überproportionale Innovationsintensität in wirtschaftlichen, technischen und sozialen Bereichen jenes Dilemma wenn nicht verhindern, so doch vermindern kann, dem die etablierten Industriegesellschaften durch einseitigen Besitz an natürlichen Ressourcen und einseitiger Allokation des dazugehörigen Produktions- und Distributionsapparats sich konfrontiert sehen: der exponentiell wachsenden Schere zwischen Bevölkerungsanzahl und natürlichen Ressourcen zur Befriedigung elementarer Lebensbedürfnisse.

Unter der Drohung einer ökologischen Krise, deren Folgen denen eines Schlagabtausches mit Atomwaffen wohl kaum nachstehen, beginnt – das ist meine These – der problematische und friedensrelevante Zusammenhang dort, wo das technisch-wissenschaftliche Potential in terms of manpower and money überwiegend zur Aufrechterhaltung der Rüstungsdynamik benutzt wird. In dem von 40 Experten erstellten UN-Report „The Economic and Social Consequences of Disarmament" (Oktober 1971) wird geschätzt, daß von den weltweit für Forschung und Entwicklung aufgewendeten rund 60 Milliarden Dollar allein aufgrund von offiziellen Angaben wenigstens 25 Milliarden für militärische Zwecke ausgegeben werden (zum Vergleich: der Report schätzt die Ausgaben für die medizinische Forschung auf etwa 4 Milliarden Dollar). Diese manifeste Prioritätsentscheidung über das beschränkte und nicht beliebig vermehrbare Innovationspotential im Bereich von Forschung und Entwicklung wird ausschließlich unter partikularen machtpolitischen Gesichtspunkten getroffen und mit dem Argument der Bedrohung der Sicherheit weltweit dem politischen Legitimationsdruck entzogen. Zu fragen aber wäre im Zuge beginnender Abrüstungsverhandlungen, was an die Stelle von Rüstungsaufträgen sowohl im Produktions- als auch im Forschungs- und Entwicklungssektor treten könnte, wenn die gravierenden volkswirtschaftlichen Aufwendungen für den Rüstungswettlauf praktisch wenigstens partiell freigemacht würden. Im Augenblick scheint es, als ob trotz des ersten SALT-Abkommens die Rüstungsanstrengungen in Ost und West zwar nicht unbedingt quantitativ, aber qualitativ doch verstärkt würden. Das bedeutet, daß in noch weit größerem Umfang als bisher Innovationskapazität für Rüstungszwecke absorbiert wird. Angesichts der drohenden weltweiten ökologischen Krise, deren Folgen, wie bereits erwähnt, denen eines atomaren Krieges durchaus vergleichbar sind und die vor allem die ohnehin bereits beginnende Welternährungskrise noch drastisch verschärfen würden, fragt es sich, ob als funktionale Alternative nicht eine weltweite Kontrolle des technologischen Innovationsprozesses ins Auge gefaßt werden müßte. Im Rahmen einer solchen weltweiten Strategie, die das verfügbare wissenschaftlich-technische Innovationspotential zur Wahrung einer Überlebenschance der gesamten Menschheit einsetzen müßte, wäre arms control nur eine flankierende Maßnahme.

Jaromir Sedlak

Einige Anmerkungen zum Referat von Dieter Senghaas

Zunächst möchte ich auf einige Bemerkungen von Senghaas über die Machtelite in beiden sozialen Systemen eingehen. Dort heißt es: „Der militarisierte Wettbewerb zwischen beiden Systemen wird auch nicht leicht überwunden werden, weil die Machtelite ihn als eine verläßliche Garantie für die zwischenstaatliche und soziale Stabilität ansieht." Ich glaube, daß diese Frage der Machtelite, die manchmal als militärisch-industrieller Komplex bezeichnet wird, nicht so gestellt werden sollte. Senghaas vergleicht rein mechanisch zwei Systeme, bloß weil es auf beiden Seiten Generäle und Militärs usw. gibt. Ich bin vollkommen sicher, daß wir in den sozialistischen Staaten keine Machtelite haben, die daran interessiert ist, den Kalten Krieg oder etwas Ähnliches wie zum Beispiel das Wettrüsten zu verlängern. Wer die Situation von innen her kennt, weiß, wie sehr jedermann in unseren Ländern auf Mittel wartet, die für das normale zivile Leben und nicht für Militärzwecke ausgegeben werden können. Jeder weiß, wie sehr die UdSSR während des Krieges gelitten hat. Ich würde nicht widersprechen, wenn jemand erklärt, daß es den einen oder anderen General geben mag, der seinen Posten zu verlieren fürchtet. Man kann auf einer persönlichen Ebene feststellen, daß ein einzelner Mensch dieser Meinung ist. Aber ich würde mich energisch dagegen wenden, in meinem Teil der Welt von einer Machtelite als solcher zu sprechen.

Eine zweite Bemerkung. An anderer Stelle seines Referats sagt Senghaas, die sozialistische Ordnung an sich stelle keine verläßliche Garantie für friedliche internationale Beziehungen dar. Als Beispiel werden die Beziehungen zwischen dem maoistischen China und der Sowjetunion angeführt. Ich halte es nicht für fair, die Frage so zu stellen, denn schließlich wurde hier gestern von meinem Kollegen gesagt, wir sollten berücksichtigen, daß Sozialismus etwas mehr bedeute als bloß einige Veränderungen vorzunehmen wie in China. Ich glaube daher, daß man dem Sozialismus an sich keine Schuld geben kann. Schuld sind die Überreste der Systeme, die vorher in China existierten. Ich glaube, daß die Einflüsse des Feudalismus oder möglicherweise das kleinbürgerliche Denken in China die Schuld haben und nicht der Sozialismus als solcher. Meiner Meinung nach hat der Sozialismus noch nicht Zeit gehabt, sich zu entwickeln, wie Senghaas an anderer Stelle richtig sagt, denn der Sozialismus begann in rückständigen Ländern. Dem Sozialismus in der UdSSR wurde durch den Zweiten Weltkrieg fürchterlicher Schaden zugefügt. Die UdSSR verlor 20 Millionen Menschen. China hat praktisch kein Proletariat. Ich würde daher nicht dem Sozialismus die Schuld geben, sondern der Vielschichtigkeit der Entwicklung, den Überresten alter Systeme und sogar der Rolle von Persönlichkeiten, aber selbstverständlich nicht ihnen allein.

Manche Leute sagen, daß der Grund für die chinesische Politik in Mao und in seinem Denken, in seiner Senilität oder sonst etwas liegt. Ich bin ganz damit einverstanden, nur ist das keine vollständige marxistisch-leninistische Antwort. Die Erklärung, wieso nicht nur Mao, sondern auch andere Leute in der chinesischen Führung – möglicherweise nur wenige – im maoistischen Denken verhaftet sind, ist nicht nur auf dem Gebiet des Überbaus zu suchen, sondern auch in der Grundlage der chinesischen Gesellschaft. China ist hauptsächlich ein Land des Kleinbürgertums, besser gesagt: der kleinen Produzenten, und es hat sehr wenig Proletariat. Ist es ein Zufall, daß in Europa das mit China verbündete Albanien das am geringsten entwickelte Land im sozialistischen Teil Europas ist? Wir versuchen, dieses Problem materialistisch zu erklären. Andererseits sollte Senghaas meiner Meinung nach erklären, was er meint, wenn er über den zeitgenössischen Marxismus spricht. Bekanntlich kam nach Marx Lenin, der den Marxismus weiterentwickelte und dem es sogar gelang, Führer der Russischen Revolution zu sein, einer erfolgreichen Revolution. Lenin sagte: „Gebt mir eine Organisation, und ich werde Rußland verändern." Dieser Aspekt des Überbaus spielt also eine gewisse Rolle. Senghaas hat wahrscheinlich Marx und Engels gelesen, aber ich halte es für notwendig, auch Lenin zu lesen.

Senghaas spricht weiter über das Konzept der Förderung des Friedens, und man erwartet seine Ideen, was jetzt zu tun sei. Er selbst sagt in seiner Schlußfolgerung, daß wir letztlich etwas mehr als bloß akademisch, daß wir Leute sein sollten, die über die praktischen Schritte nachdenken. Und ich bin ein wenig überrascht, daß er zwar darüber spricht, wie man den interkapitalistischen Konflikt lösen soll, indem er über Integration-Assoziierung spricht, daß er aber nichts über Beziehungen zwischen Ost und West sagt. Diesen Punkt habe ich vermißt, denn es wäre doch interessant zu hören, wie Senghaas sich die Lösung der Ost-West-Probleme vorstellt von dem, wie ich sagen würde, prinzipiellen Standpunkt aus, der in seiner Schlußfolgerung dargelegt ist.

Meine letzte Bemerkung bezieht sich auf die *Revolution*. Senghaas stellt die Revolution als etwas dar, was unbedingt mit Waffengewalt verbunden ist. Ich glaube, man sollte berücksichtigen, was wir Marxisten seit dem 20. Parteitag der KPdSU 1956 betont haben: Wir verstehen unter Revolution nicht nur die Revolution mit Hilfe von Gewalt und Waffen usw. Für uns bedeutet Revolution auch eine qualitative Veränderung, ein Vorwärtsschreiten, eine progressive Veränderung mit friedlichen Mitteln – wie z. B. jetzt die Revolution in Chile.

Anhang:
Das internationale Institut für den Frieden in Wien

Die Rolle der Wissenschaft bei der politischen Reflexion und Lösung internationaler Konflikte wird im allgemeinen nicht sehr hoch eingeschätzt. Und es gibt in der Tat eine ganze Reihe unrühmlicher Beispiele dafür, daß die Gemeinde der Wissenschaftler die verwegenen Eroberungspläne der Herrschaftselite einer Gesellschaft nicht nur unterstützt, sondern mit ihren Aktivitäten sogar noch gefördert hat – die Geschichte Deutschlands am Vorabend der beiden Weltkriege belehrt uns darüber. Auf der anderen Seite kann man seit dem Ende des Zweiten Weltkrieges immer häufiger konstatieren, daß Repräsentanten der Wissenschaft in außenpolitischen Konfliktsituationen vermittelnd einzugreifen versuchen. Die Geschichte der Überwindung des kalten Krieges in den Ost-West-Beziehungen ist von solchen Vermittlungs-Versuchen mit geprägt worden, und man wird sogar ohne Übertreibung behaupten können, daß ein Teil davon durchaus erfolgreich verlaufen ist. Erfolgreich in zwei Richtungen: einmal in der Form, daß die beteiligten Regierungen von den Kontakten der Wissenschaftler profitieren konnten und ihre Lösungsvorschläge (wenigstens in großen Teilen) akzeptierten, dann aber auch in Richtung auf eine Sensibilisierung der Öffentlichkeit für Fragen der internationalen Konfliktregelung und Friedensgestaltung.
In den späten fünfziger und den sechziger Jahren sammelte sich das Engagement der Wissenschaftler für die Entspannung in den Ost-West-Beziehungen und gegen die Gefahr eines die gesamte Zivilisation bedrohenden Kernwaffenkrieges zwischen den USA und der UdSSR in der Institution der Pugwash-Konferenzen. Die Geschichte der Entstehung und der Aktivität dieser internationalen Wissenschaftler-Vereinigung ist an

anderer Stelle ausführlich beschrieben worden.[1] Hier soll nur festgehalten werden, daß ein nicht unbeträchtlicher Teil der internationalen Vorarbeiten zu wichtigen Abkommen (z. B. zum Nonproliferations-Vertrag) auf die Initiative und mit aktiver Mithilfe von Wissenschaftlern aus Ost und West zustande gekommen ist.

Seit dem Ende der sechziger Jahre ist in Westeuropa (insbesondere in Skandinavien und in der Bundesrepublik) die Friedens- und Konfliktforschung als eine wissenschaftliche Disziplin in den Vordergrund getreten, die es sich zur Aufgabe macht, die existierenden innergesellschaftlichen und internationalen Konflikte auf ihre Ursachen hin zu untersuchen und Vorschläge zu ihrer Regelung oder Lösung auszuarbeiten. Sie hat sich damit bewußt in das Spannungsfeld von Wissenschaft und Politik begeben, und es ist kein Wunder, daß sie deshalb insgesamt einer argwöhnischen konservativen Kritik unterliegt, daß darüber hinaus jedoch innerhalb dieser Disziplin scharfe Kontroversen über ihren Inhalt und ihre Aufgaben geführt werden.[2] In Osteuropa werden diese Kontroversen wie auch die bis jetzt vorliegenden Ergebnisse der Friedens- und Konfliktforschung mit differenzierender Skepsis verfolgt[3]; aber gerade weil Richtung und Tempo der Ost-West-Entspannung die aktive Mitarbeit von Wissenschaftlern bei den Kommunikationsprozessen in Europa verlangen, gerade weil die intersystemare Zusammenarbeit auf allen Ebenen, auch der der Wissenschaft, vorbereitet und eingeübt werden muß, um die vielfach noch vorhandenen Barrieren des Mißtrauens zu überwinden, scheint es sinnvoll und fruchtbar, solche Kontroversen auszuweiten und auf ein breites Fundament zu stellen, das all denen Platz bietet, deren Engagement für den Frieden un-

---

[1] J. Rotblat, Scientists in the Quest for Peace. A History of the Pugwash Conferences, Cambridge (Mass.)/London 1972.
[2] Vgl. dazu die verschiedenen Beiträge zu diesem Thema in den letzten Jahrgängen der „Blätter für deutsche und internationale Politik".
[3] So z. B.: D. Fricke, ‚Friedensforschung' in der BRD. Ihre Rolle und ihre Funktion in der Auseinandersetzung zwischen Sozialismus und Imperialismus, in: Zeitschrift für Geschichtswissenschaft, 19. Jg. 1971, H. 5.

abhängig von dessen Motivation nicht vordergründig oder gar nur vorgespielt ist.

Genau diese Aufgabe hat sich das Internationale Institut für den Frieden in Wien gestellt. Nach seiner Satzung dazu verpflichtet, „zur Erhaltung, Sicherung und Festigung des Friedens in der ganzen Welt beizutragen", will das Institut einen Meinungsaustausch zwischen Wissenschaftlern aus verschiedenen Fachgebieten, aber auch und vor allem aus Ländern mit unterschiedlichen Gesellschaftsordnungen herbeiführen. Mit dem Ziel, in absolut freier und freimütiger Aussprache die Ursachen von Konflikten und Wege zu ihrer Überwindung aus unterschiedlichen wissenschaftstheoretischen und weltanschaulichen Positionen zu diskutieren, hat das Institut seit Mitte des Jahres 1970 eine Reihe von wissenschaftlichen Symposien veranstaltet, die in der Zwischenzeit zu einem bekannten Treffpunkt von Wissenschaftlern aus Ost und West geworden sind.

Die erste dieser wissenschaftlichen Veranstaltungen fiel zeitlich mit dem 25. Jahrestag der Gründung der Vereinten Nationen zusammen. Es lag deshalb nahe, die Bedeutung der UNO für die Sicherung des Friedens in der Welt zum Thema dieses Colloquiums zu machen. Die Organisation der Vereinten Nationen wurde ja von den Staaten der Anti-Hitler-Koalition gegründet, um in der Nachkriegszeit Frieden und Sicherheit zu gewährleisten (Art. 1 der UNO-Charta). Daher lautet das Thema dieses von dem damaligen Generalsekretär der UNO U Thant in einem Schreiben begrüßten Colloquiums „25 Jahre Vereinte Nationen und internationale Sicherheit".

Ein zweites wichtiges Wissenschaftler-Treffen fand im November 1970 statt, ein Symposium über das Thema „Internationale Wirtschaftsbeziehungen als Instrument der Kriegsführung oder der Sicherung des Friedens". Hauptreferent dieses Symposiums, zu dem die internationalen Organisationen UNIDO, UNCTAD und UNESCO Beobachter entsandt hatten, war der schwedische Nationalökonom Gunnar Adler-Karlsson.

Obwohl sich das Interesse des Instituts grundsätzlich auf alle

Probleme des Friedens erstreckt, beschäftigte es sich in den letzten beiden Jahren vor allem mit europäischen Fragen. Der günstige Standort des Instituts in der Hauptstadt eines neutralen Landes in Europa prädestiniert es dazu, wissenschaftliche Diskussionen über die europäische Sicherheit und die Möglichkeiten gesamteuropäischer Zusammenarbeit mit Beteiligten aus allen betroffenen Ländern vorzubereiten. In diesem Sinne war die bis jetzt größte und am bekanntesten gewordene Veranstaltung des Instituts die „Wissenschaftliche Konferenz über Fragen der europäischen Sicherheit und Zusammenarbeit", die im Februar 1971 stattfand. Die Texte dieser Veranstaltung wie auch aller anderen Symposien sind in einer vom Institut herausgegebenen Schriftenreihe „Wissenschaft und Frieden", z. T. in mehreren Sprachen publiziert worden. Die Zahl der Veranstaltungen des Instituts ist in den Jahren 1971 und 1972 rasch angewachsen, so daß an dieser Stelle nicht alle einzeln erwähnt werden können. Zwei Punkte sollen noch einmal betont werden. Nach der bisherigen Arbeitskonzeption des Instituts liegt der Schwerpunkt seiner Tätigkeit auf der Organisation von Tagungen, auf denen Ansätze und Informationen aus den verschiedensten regionalen und weltanschaulichen Positionen einander gegenübergestellt und frei und offen diskutiert werden. Das Institut strebt dabei eine Kooperation mit anderen Instituten in Europa und anderswo an, die sich mit den Fragen von Konfliktregelung und Friedenssicherung beschäftigen, z. B. dem Peace Reserach Institute Oslo (PRIO), dem Institut für Internationale Beziehungen in Genf oder dem Institut für Internationale Politik und Wirtschaft in Berlin. Daß in naher oder ferner Zukunft das Institut auch dazu übergehen wird, eigene Forschungsarbeiten zu unternehmen, ist wahrscheinlich, aber noch nicht entschieden.

Auf der Generalversammlung des Instituts im Dezember 1972 wurde zu seinem Präsidenten Primarius DDr. Georg Fuchs (Österreich), zu seinen Vizepräsidenten Dr. Nikolai Poljanow (UdSSR) und Prof. Dr. Gerhard Kade (BRD) gewählt. In dem vierzigköpfigen Vorstand und dem 17 Wissenschaftler umfassenden Wissenschaftlichen Beirat sind einige der bekanntesten

Friedens- und Konfliktforscher aus westlichen Ländern und Repräsentanten vergleichbarer Institute aus Osteuropa vertreten.

Auch in den nächsten Jahren werden die Veranstaltungen des Instituts in erster Linie um Probleme der europäischen Sicherheit kreisen. Aber auch allgemeine Themen wie „Die ökonomischen und sozialen Folgen der Abrüstung" oder „Die Aufgaben der Friedensforschung und ihre Weiterentwicklung" und „Globale Probleme der modernen Zivilisation" stehen auf dem Programm.

Die Alternative zum kalten Krieg zwischen Staaten mit unterschiedlichen Gesellschaftsordnungen, der immer die Gefahr bestehen läßt, ein heißer Krieg zu werden, heißt Kooperation auf der Basis der friedlichen Koexistenz, also antagonistische Kooperation. Das aber muß eingeübt werden. In diesem Prozeß spielt das Internationale Institut für den Frieden in Wien eine wichtige Rolle. Sie wird für die Zukunft an Bedeutung eher noch zunehmen.

Anschrift des Internationalen Instituts für den Frieden:
A-1040 Wien, Möllwaldplatz 5.

Teilnehmer am wissenschaftlichen Symposium: Die Theorie der Konflikt- und Krisensituationen und Methoden der De-Eskalation militärpolitischer Krisen, Wien, 15.–17. Dezember 1972

Dr. G. Adler-Karlsson, Rom und Wien
Wissenschaftlicher Mitarbeiter am Österr. Wirtschaftsforschungs-Institut

Prof. Dr. H. E. Bahr, Bochum, BRD
Ruhr-Universität, Friedens- und Partizipationsforschung

Dr. A. S. Beljakow, Wien
Wissenschaftlicher Mitarbeiter, Internationales Institut für den Frieden

Prof. Dr. J. Bognar, Budapest
Ungarischer Wissenschaftlicher Rat, Institut für Weltwirtschaft

Prof. Dr. W. Frh. v. Bredow, Marburg/L., BRD
Philipps-Universität, Fachbereich Gesellschaftswissenschaften

Dr. A. R. Brom, Wien
Zentral-Europäische Sektion der Peace Science Society

Dr. W. S. Brusskow, Wien
Geschäftsführender Direktor des Internationalen Instituts für den Frieden

H. Buchbinder, Krummenland, Schweiz
Co-Initiator des Schweizer Konfliktforschungs(Friedens)-Instituts

Dr. E. Chossudovsky, Genf
Beamter der Vereinten Nationen

Dr. P. Deleu, Antwerpen, Belgien
Direktor des Instituts für Konfliktforschung

Prof. Dr. St. Doernberg, Berlin, DDR
Stellv. Direktor des Institutes für Internationale Politik und Wirtschaft

Prof. DDr. A. Dordett, Wien
Prorektor an der Universität Wien

J. L. Durand-Drouhin, Wien
Chargé de recherche, Europäisches Koordinations-Zentrum für Sozialwissenschaften

Hofrat Dr. H. Dürmayer, Wien
Präsident der österr. Vereinigung Demokratischer Juristen

Dipl. Pol. W. D. Eberwein, Saarbrücken, BRD
Institut für Politikwissenschaften an der Universität Saarbrücken

Dr. A. Eide, Oslo
General-Sekretär der International Peace Research Association

Prof. Dr. D. Frei, Zürich
Forschungsstelle für Politische Wissenschaften, Universität Zürich

Prim. DDr. G. Fuchs, Wien
Präsident des Internationalen Instituts für den Frieden

Prof. Dr. J. Galtung, Oslo
Direktor des Peace Research Institute Oslo (PRIO)

Dr. W. I. Gantman, Moskau
Institut für Weltwirtschaft und Internationale Beziehungen

Dr. A. J. R. Groom, London
Faculty of Laws, University College

Prof. Dr. G. Haraszti, Budapest
Professor für Völkerrecht, Universität Budapest

Prof. Dr. Dr. h. c. W. Hollitscher, Wien
Karl-Marx-Universität, Leipzig; Internationales Institut für den Frieden

Dr. E. Jahn, Frankfurt/M., BRD
Hessische Stiftung für Friedens- und Konfliktforschung

Prof. Dr. M. Jänicke, Berlin (West)
Otto-Suhr-Institut der Freien Universität, Fachbereich für Politische Wissenschaften

Prof. Dr. D. Jermolenko, Moskau
Professor für Philosophie am Institut für Internationale Beziehungen

Prof. Dr. J. Judanow, Moskau
Institut für Weltwirtschaft und Internationale Beziehungen, derzeit Institut für Wirtschaftsforschung, Wien

Prof. Dr. G. Kade, Darmstadt, BRD
Technische Universität, Institut für Makro- und Strukturplanung

A. Krims, Wien
Redakteur, Vorsitzender des Arbeitskreis Kritisches Christentum

Prof. Dr. M. Krutogolow, Moskau
Pro-Rektor des Institutes für Internationale Beziehungen

M. Lafuente, Helsinki
Weltfriedensrat

M. Layer, Wien
Europäisches Koordinationszentrum für Sozialwissenschaften

Prof. Dr. J. Lukas, Prag
Karls-Universität; Internationales Institut für den Frieden, Wien

Prof. Dr. M. Mansour, Teheran
Universität Teheran, Fachbereich Psychologie

Prof. Dr. G. Moca, Bukarest
Universität Bukarest, Rumänisches Friedenskomitee

Prof. Dr. G. Morosov, Moskau
Institut für Weltwirtschaft und Internationale Beziehungen

Dr. W. *Multan*, Warschau
Polnisches Institut für Internationale Angelegenheiten

Prof. Dr. E. *Oeser*, Berlin, DDR
Humboldt-Universität, Fakultät für Völkerrecht

Dr. habil. M. *Perczynski*, Warschau
Polnisches Institut für Internationale Angelegenheiten

Dr. U. *Petersen*, Hamburg
Institut für Politik und Wirtschaft, Haus Rissen

Dr. F. *Pichler*, Wien
Österreichische Gesellschaft für Politikwissenschaften

Dr. N. E. *Poljanow*, Moskau
Internationales Institut für den Frieden, Wien; Stellvertr. Chefredakteur der „Iswestija"

Dr. O. *Raćić*, Belgrad
Institut für Internationale Politik und Wirtschaft, Direktor der Abteilung für Völkerrecht

Dr. V. *Rajan*, Belfast
Northern Ireland Research Institute

F. *Scaba*, Budapest
Mitglied des Ungarischen Friedenskomitees

Prof. Dr. H. *Schneider*, Wien
Vorstand des Instituts für Theorie der Politik, Universität Wien

Prof. Dr. J. *Sedlak*, Prag
Direktor des Instituts für Internationale Beziehungen

Prof. Dr. D. *Senghaas*, Frankfurt/M., BRD
Hessische Stiftung für Friedens- und Konfliktforschung

Dr. W. W. *Shurkin*, Moskau
Stellvertr. Direktor des US-Institutes an der Akademie der Wissenschaften

Prof. Dr. M. *Simai*, Budapest
Karl-Marx-Universität

Prof. Dr. J. *Siotis*, Genf
Graduate Institute of International Studies, Geneva; und consultant, Carnegie Endowment for International Peace

F. *Solms*, Heidelberg, BRD
Forschungsstätte der evangelischen Studiengemeinschaft e. V.

Dr. P. *Stiegnitz*, Wien
Mitglied der österr. Gesellschaft für Soziologie

Doz. O. *Sütö*, Budapest
Institut für Internationale Beziehungen, Mitglied des Ungarischen Friedenskomitees

Dr. L. Talpa, Bukarest
Wissenschaftlicher Mitarbeiter am Institut für Politikwissenschaften und Studien nationaler Probleme

Doz. Dr. J. Vysohlid, Prag
Hochschule für Wirtschaftswissenschaften

Prof. DDr. R. Weiler, Wien
Institut für Ethik und Sozialwissenschaften; Co-Vorstand des Institutes für Friedensforschung, Universität Wien

Prof. Dr. E. F. Winter, Genf
UN-Konferenz on the Human Environment, und Transnationales Forschungszentrum

Politische Sachbücher

Igor S. Kon
Soziologie der Persönlichkeit
Aus dem Russischen von W. Hoepp. 496 Seiten, Leinen
DM 19,80.

W. S. Semjenow
Der Kapitalismus und die Klassen
Die Erforschung der Sozialstruktur in der modernen kapitalistischen Gesellschaft
Aus dem Russischen von I. Alex u. a. 379 Seiten, Paperback,
DM 19,80.

S. L. Wygodski
Der gegenwärtige Kapitalismus
Versuch einer theoretischen Analyse
Aus dem Russischen. 548 Seiten, Paperback, DM 14,50.

Joachim Lompscher (Hg.)
Sowjetische Beiträge zur Lerntheorie
Die Schule P. J. Galperins
320 Seiten, Paperback, DM 19,80.

Wladimir Granow u. a.
Die gegenwärtige Sozialdemokratie
Neue sowjetische Analysen
Kleine Bibliothek, Band 30, 125 Seiten, DM 9,80.

Boris A. Tschagin
Der subjektive Faktor
Struktur und Gesetzmäßigkeiten
Aus dem Russischen. Kleine Bibliothek, Band 44, ca. 200 Seiten,
ca. DM 12,80.

Pahl-Rugenstein

Sammlung Junge Wissenschaft

Friedhelm Nyssen
Schule im Kapitalismus
Der Einfluß wirtschaftlicher Interessenverbände im Felde der Schule
Studienausgabe. 175 Seiten, kart., DM 9,80

Wilfried v. Bredow
Der Primat militärischen Denkens
Die Bundeswehr und das Problem der okkupierten Öffentlichkeit
172 Seiten, glanzkart., DM 28,50

Hans Karl Rupp
Außerparlamentarische Opposition in der Ära Adenauer
Der Kampf gegen die Atombewaffnung in den 50er Jahren
331 Seiten, glanzkart., DM 22,80

Hanno Möbius
Arbeiterliteratur in der BRD
Eine Analyse von Industriereportagen und Reportageromanen
103 Seiten, glanzkart., DM 11,80

Werner Treuheit
Sozialismus in Entwicklungsländern
Indonesien, Burma, Ägypten, Tansania, Westafrika
243 Seiten, glanzkart., DM 16,–

Willy Wyniger
Demokratie und Plan in der DDR
Probleme der Bewältigung der wissenschaftlich-technischen Revolution
141 Seiten, glanzkart., DM 14,80

Lothar Peter
Literarische Intelligenz und Klassenkampf
„Die Aktion" 1911–1932
221 Seiten, glanzkart., DM 17,80

Pahl-Rugenstein Verlag Köln

Sammlung Junge Wissenschaft

Björn Pätzoldt
Ausländerstudium in der BRD
Ein Beitrag zur Imperialismuskritik
190 Seiten, glanzkart., DM 14,80

Roderich Wahsner
Erfassung und Integration als System
Militär- und Zivildienstpflicht in der BRD
259 Seiten, glanzkart., DM 17,80

Jutta v. Freyberg
Sozialdemokraten und Kommunisten
Die Revolutionären Sozialisten Deutschlands vor dem Problem der Aktionseinheit 1934–1937
186 Seiten, glanzkart., DM 14,80

Wilhelm M. Breuer
Sozialismus in Kuba
Zur politischen Ökonomie
304 Seiten, glanzkart., DM 14,80

Jürgen Harrer
Die Revolution in Mexiko
1910–1913
272 Seiten, glanzkart., DM 14,80

Pahl-Rugenstein Verlag Köln

Blätter für deutsche und internationale Politik

Die „Blätter" sind die auflagenstärkste und meistabonnierte politisch-wissenschaftliche Monatsschrift in deutscher Sprache Sie analysieren und kommentieren wesentliche Fragen der Politik und Gesellschaft in der BRD, im westlichen und östlichen Ausland sowie in der Dritten Welt.

Die „Blätter" brachten u. a.:
Abendroth · Habilitations- und Berufungspolitik
Albrecht · Rüstung und Inflation
Boris/Ehrhardt · Perspektiven Chiles
Braczyk/Herkommer · Leitende Angestellte als „dritte Kraft"?
Däubler/Gollwitzer/Müller/Preuß/Ridder/Stuby · Kritik der Berufsverbote
Gamm · Parteilichkeit als Bildungsprinzip
Inosemzew · Fragen der europäischen Sicherheit
Jens/Obermair/Rendtorff/Wesel u. a.: Hochschulpolitik
Krause-Vilmar/Schmitt · Politische Arbeit in der Schule
Kühnl · Bedingungen für den Sieg des Faschismus
Neuhöffer/Opitz · Sozialliberale oder demokratische Politik
Opitz · Liberalismuskritik und Zukunft des liberalen Motivs
Schwamborn/Schmitt · Wehrkunde im Unterricht
Wolfinger/v. Freyberg · Zur Situation der Frauen in der BRD und DDR

Einzelheft DM 4,—, im Abonnement DM 3,—
für Studenten, Wehrpflicht- und Ersatzdienstleistende DM 2,50

Pahl-Rugenstein